浙江文化艺术发展基金资助项目

PROJECTS SUPPORTED BY ZHEJIANG CULTURE AND ARTS DEVELOPMENT FUND

浙江文化
基因丛书

吴越 ◎ 主编

瓯江源头

云和文化基因

吴越 赵昌盛 ◎ 编著

杭州出版社

图书在版编目（CIP）数据

瓯江源头：云和文化基因 / 吴越，赵昌盛编著．
——杭州：杭州出版社，2025.1. ——（浙江文化基因丛书 / 吴越主编）．——ISBN 978-7-5565-2593-5

Ⅰ．G127.554

中国国家版本馆CIP数据核字第2024V94D79号

OUJIANG YUANTOU——YUNHE WENHUA JIYIN

瓯江源头——云和文化基因

吴越　赵昌盛　编著

策　　划	屈　皓
责任编辑	何智勇
责任校对	陈铭杰
装帧设计	卢晓明　魏君妮　屈　皓
美术编辑	王立超
责任印务	王立超
出版发行	杭州出版社（杭州市西湖文化广场32号6楼）
	电话：0571-87997719　邮政编码：310014
	网址：www.hzcbs.com
印　　刷	天津画中画印刷有限公司
经　　销	新华书店
开　　本	710mm×1000mm　1/16
印　　张	16
拉　　页	1
字　　数	551千字
版印次	2025年1月第1版　2025年1月第1次印刷
书　　号	ISBN 978-7-5565-2593-5
定　　价	68.00元

"浙江文化基因丛书"编委会

吴　越　叶志良　贾晓东　陈　明　孙　琳

沈　军　葛建民　缪存烈　乐　波　赵柯艳

王　俊　陆　莹　林华弟　章鹏华　盛雄生

陈贤敏　胡宏波　周　洁　胡凌凌　王军伟

柳虹羽　屈　皓　庄文新

（排名不分先后）

"浙江文化基因丛书"序

习近平总书记指出："支撑5000多年中华文明延绵至今的，是植根于中华民族血脉深处的文化基因。"[①]浙江是中华文明的重要发源地之一，文化底蕴深厚，文化名人辈出。一叶红船从嘉兴南湖驶出，在时代浪潮中驭势而行；沿"唐诗之路"踏歌而行，千古诗篇回响在山水之间；还有良渚文化、宋韵文化、上山文化、黄帝文化、南孔文化、和合文化、阳明文化、丝瓷茶文化、古越文化、吴越文化……这些文化基因，共同铸就了浙江的"根"和"魂"。

2024年3月6日，浙江省文化广电和旅游厅印发《浙江省文化基因激活工程实施方案（2024—2026年）》，这是继2020年浙江省文化和旅游厅印发的《浙江省"文化基因解码工程"实施方案（试行）》《浙江省"文化基因解码工程"工作导则》和2021年8月浙江省文化和旅游厅印发的《建设文化标识推进文旅融合行动计划（2021—2025年）（试行）》之后，为更好担负起新时代新的文化使命，深入贯彻省委十五届四次全会部署，在全省实施的又一项文化基因重大工程。

[①] 习近平：《携手建设更加美好的世界》（2017年12月1日），人民出版社，2017年，第3页。

文化基因解码工程，是文化基因激活工程的坚实基础。文化基因，顾名思义，是指从文化形态切入，厘清其历史渊源、发展脉络、基本走向，从物质、精神、制度要素，语言和象征符号等进行分析、解码所提取的关键知识内核。文化基因解码，围绕中华优秀传统文化、革命文化和社会主义先进文化，按照3个主类、20多个亚类、约100个基本类型分别归档，确保历史年代、地理位置、流布范围等数据均记录在册，挖掘、研究、阐释优质"文化基因"，对全省文化资源进行全面梳理。这是一项集"查、解、评、用"于一体的综合性系统工程。全省开展90个县市区的文化基因解码任务，包括文化元素调查、文化基因解码评价、《文化基因解码报告》撰写、证据资料汇总保存建档等，并在此基础上建成"浙江文化基因库"。文化基因解码，起于"查"，终于"用"。"查"就是铺开"一张网"，广泛收集区域内的文化资源，作为"解"的对象。"解"重在找准四大要素，提取一组基因。四大要素是指物质要素（如原料、工具、环境等）、精神要素（如思想观念、群体性格等）、制度要素（如乡规民约、族规家规、礼节礼仪、表演技艺、创作技法等）、语言和象征符号（如方言、图形、标志、表情、动作、声音等）。通过对四大要素的分解梳理，遴选重点文化元素作为解码对象，从中提取出关键性的知识（技术）点。然后通过对选择的文化基因解码，从生命力、凝聚力、影响力、发展力四个维度进行质量评价。最终用基因塑造IP，以文旅IP开发作品、设计产品，以作品、产品点亮城市生活、赋能乡村振兴。浙江以文化基因为根、文旅融合IP为脉，打造了一条以城带乡、城乡互促的发展闭环，推动文化资源的"活化"利用，把解码成果与提高人民群众生活品质相结合,这就是"用"。以人文之美推动精神之富足,增强浙江高质量发展建设共同富裕示范区的文化自觉。

显然,文化基因是传承和创新的基石。文化基因作为一个社会文化系统的逻辑起点,是一个社会存在和进化、变革和发展的决定力量。文化基因解码就是要把社会文化系统中所表现出来的文化形态、思维方式、行动模式、礼仪符号、风俗习惯等加以还原,揭示其本初原因和底层逻辑。改革开放四十余年来,浙江出现了令人瞩目的"浙江现象",表现为快速的经济增长、蓬勃的发展活力、和谐的社会环境、显著的民生绩效。"浙江现象"源于浙江精神和浙江的文化基因。正确界定、充分挖掘浙江文化的内涵价值,解码浙江的文化基因,对于构建起有效支撑文化建设和旅游发展的"四梁八柱",推动文化建设和旅游发展各项指标持续名列全国前茅,着力建设新时代文化高地、中国最佳旅游目的地、全国文化和旅游融合发展样板地具有重要而深远的意义。

如何寻找突破口?各地在选"码"、解"码"、用"码"的整个闭环中,成立解码专项小组,构建"乡土专家+高校资源+系统人才"三方协作机制,高效推进解码工程。首批编辑出版的"浙江文化基因丛书"中汇集的富阳、南浔、南湖、绍兴、瑞安、平阳、苍南、普陀、岱山、嵊泗、定海、临海、南孔圣地、开化、常山、金华(经开区)、遂昌、云和、景宁、宁波江北等地的研究成果,正是在归纳总结、科学分析浙江文化基因的基础上,探索文化基因解码的方法和路径,同时从人类学、社会学的角度,运用现象学原理,在哲学层面进行解构、剖析,既有理论深度,又能方便应用。丛书勾勒出各地推进文化基因解码工程的概貌。成果本身的内容、方法、转化等，对各地都有很强的示范作用和借鉴意义。

可以说，"浙江文化基因丛书"中的成果，以浙江文化高质量发展为目标，以融合发展为重点，紧扣激活优秀文化基因，以文化基因的挖掘利用赋能文化事业和文旅产业发展，为我省文旅发展再上新台阶、为文化浙江建设贡献了力量。

叶志良
2024年秋于杭州

目　录

前言	001
云和梯田	003
云和木制玩具	019
小顺浙江铁工厂	035
挺进师云和会议旧址	051
云和县小县大城发展战略	065
黄绍竑公馆	081
箬溪书院	095
云和银矿遗址	109
云和板龙舞	123
八步洪拳	139
包山花鼓戏	153
云和瓯江帆船制造工艺	167
云和山寨遗址	181
白鹤尖酱菜	193
王家祠堂	207
沙铺山歌	225
"浙江文化基因丛书"后记	238

前　言

　　云和位于瓯江上游，与珠穆朗玛峰纬度相同，与首都北京经度接近，是丽水市的地理中心，面积989.6平方千米，常住人口12.6万（2023年末），均约为全国的万分之一，是"万里挑一"的浙江名县。瓯江自西向东蜿蜒52千米穿越县域，将云和分成南、北两大部分。云和生态环境优美，自古被誉为"洞宫福地"，山水资源独具特色，全县森林覆盖率达81.5%，空气质量优良率保持100%（2023年），境内38.7平方千米水域的水质常年保持在国家二类标准以上，综合环境质量名列全国前茅，是省级森林城市、省级园林城市，为丽水市第一个国家级生态县，被列入全国生态文明建设试点和浙江省重点生态功能区小城市培育试点。

　　云和的文化旅游资源也很有特色。仙宫湖是浙江省第三大人工湖；云和梯田是国家湿地公园，被誉为"中国最美梯田"，获评"中国特色旅游最佳湿地""中国美丽田园"，并被外媒评为"中国最美的40个景点"之一。绚丽多彩的云和地域文化和自然景观，展现了云和文化基因的厚度和强大的生命力。

　　2020年以来，云和县贯彻落实浙江省文化和旅游厅关于开展"文化基因解码工程"的部署，全面开展我县文化资源调查，会聚云和本土专家，积极推进"文化基因解码工程"。通过全面调研、挖掘、记录，共梳理了文化元素近200条，涉及3个主类、22个亚类、67个基本类型，覆盖了中华优秀传统文化、革命文化、社会主义先进文化各个类型，基本描绘出山城云和的文化脉络和精神谱系。

今后，云和县将着力于文化基因的全面激活和高质量转化应用。通过深度调研地方实况，积极挖掘基因价值，结合本县实际，围绕云和木玩小镇、云和梯田、云和抗日战争纪念馆等16项重点元素，形成云和文化基因转化利用方案以及转化思路。加强云和县瓯江源头的文化张力，增强云和优秀文化基因的辐射力和影响力，做好向社会公众尤其是青少年群体的文化基因活态传承，为我县的文旅融合发展服务。同时，要进一步推动文化基因的创造性转化、创新性发展。

云和将一以贯之深化"小县大城"发展战略，坚持文化自信理念，以优秀的文化基因凝聚全县力量，打造浙江绿谷、瓯江源头的新时代文化高地，形成守正创新、艰苦奋斗、勇攀高峰的地域文化性格和兼容并包、发展图强的理念，构建云和社会全面进步的新格局。云和将切实抓紧、抓实、抓好文化基因解码和文化标识建设工作，不断激活优秀的传统文化基因，以文促旅，建设文旅大县，为浙江山区二十六县高质量建设共同富裕示范区作出新贡献。

胡凌凌
二〇二三年十月

云和梯田

瓯江源头　云和文化基因

云和梯田

云和梯田位于浙江南部山区的云和县崇头镇，总面积51平方千米，海拔跨度范围从200米至1400多米，是华东地区最大的梯田群。云和梯田级数最多者达到700多层，拥有梯田、云海、竹林、瀑布、雾凇等多种自然景观。同时，梯田于千山万壑之中蜿蜒迂回，延绵不断，云雾缭绕，水光山色随四季、天色的变化而变幻，是历代云和人所创造的人类农耕文明和自然环境相结合的产物。

云和地处太平洋西岸山区，拥有亚热带季风气候和合围式山区地形。这些自然环境形成了良好的光、热、水、土、气条件和丰富的生物资源，使农作物处于最佳的生长环境中。就农耕方式来看，云和居民大多采用生态化的耕作方式，他们将村寨建在临近泉水的山腰，在村寨之下开辟梯田，引入山涧溪水灌溉农田，并在春天采摘山上的灌木嫩枝，通过填埋腐烂来增加土壤肥力。这一耕作理念保持了当地生物多样性、循环性和可持续性。

云和梯田的砌造始于唐代，兴于明代，距今已有1200多年的历史。后人依据地方志记载以及文物考证，推断梯田的砌造与当地的银矿开采有着重要的关系。明景泰三年（1452），朝廷为了防范当时频繁的矿工起事，将丽水县浮云乡、云和乡合并成为云和县，隶属浙江处州府。清代窦铨在《银冶铁冶论》中写道："云以前土广人稀，田多荒芜，谷贱伤农，粮多逋欠，货物不至，县无列肆，商贾不集，途无旅店。自坑冶盛，人亦日众，由是垦辟众而田土辟矣，食指繁而米谷有价矣，列肆鬻物，而旅店有商贾矣。"可见，云和立县之前地广人稀，许多农田已经荒芜且粮价低廉，几乎没有市场交易的场所。自从银矿开采和冶炼兴盛之后，云和县外来人口日益增加，开山造田者愈来愈多，同时促进了米市的繁荣和集市贸易的发展。

虽然大片梯田在明景泰年间得到了开垦，但云和梯田的出现远在明朝银冶兴盛之前，如《宋史·范成大传》中就有"处（州）多山田"的记载。何况梯田的建造，包括选择田址、砍树除草、开挖合地、挖建水渠、台地改梯田等，需要数年乃至数十年的时间，单靠银冶矿工很难实现。据考，早在唐永泰元年（765），畲民开始从福建相继北迁至景宁，倚山结寨，定居耕织，距今已有1200多年历史。畲族是中国典型的散居民族之一，自称"山哈"。畲族为古代闽越族遗民的后代，公元前306年越国被楚国灭亡后，一部分越国贵族南逃至闽地，与当地居民融合，并臣服于楚国，形成闽越族。后经秦灭楚、汉灭秦、汉武灭闽越国，悉数迁徙。曾经效忠于闽越王朝的子民们迁徙到江淮一带，其间有极大一部分被迁民众在途中成群结队地逃匿于山间深处，从而在东汉末期形成了星罗棋布于这一广阔地带的山越一族，而畲族正是山越一族的一支后裔。由于祖先久居山地和丘陵地带，并好在山地间抛荒迁徙，畲民自古有开山造田、刀耕火种的传统，且"性勤播植，傍山结茅，男女均事力穑"。

云和梯田经过畲、汉人民的共同努力和辛勤耕耘，从一千多年前的荒山野岭逐渐转化成保土、保水和保肥的万顷良田，形成了天人合一的生态农业环境和奇妙的自然人文景观。云和人依托山林对水源的涵养，水源对梯田的润泽，以及梯田对环境的微气候调节功能，形成了独特的生态农业生产方式，培育出市场上炙手可热的无公害农副产品，取得了良好的生态效益和经济效益。同时，云和人在长期的山地耕作中孕育出了丰富的农耕文化和习俗，体现了畲汉农耕文明与民族文化的完美融合。

一、要素分解

（一）物质要素

1. 得天独厚的气候和地形条件

就气候条件来看，云和处于太平洋西岸的山区，属亚热带季风性气候，长年湿润，四季分明，气候垂直分布明显。年平均气温16.5℃左右，常年光照充足，雨量充沛。就地形条件来看，云和地形呈现为合围的、藏风聚气的格局。此处海拔较高，田中和河谷中的水分蒸发而上，受气流影响而形成云海，水分又被林木充分吸纳，化为云雾烟雨，驻于高山丛林。梯田从山脚盘绕而上，层层叠叠，高低错落，使得光、热、水、土、气、植被处于最佳的状态，十分有利于农作物的生长。

2. 数量极多、分布密集的矿址

云和梯田国家湿地公园内银矿资源丰富。明朝时，朝廷就在此开矿炼银，并在邻近黄家畲村设立银官局。银矿开采业的兴起带来了人口的增加，为满足吃饭及炼银需要（谷物也是当时炼银所需的添加物之一），梯田规模不断扩大。银冶炼虽然早已成为历史，但当年采矿辟田的故事，仍在当地流传，成为银矿文化的重要组成部分，也成为历史留给当地人的珍贵"宝藏"。目前云和银矿遗址已成为国家级文物保护单位，至今留有银官桥、七星墩冶炼遗址、百无禁忌碑等与明代银矿开采相关的史迹文物。

（二）精神要素

1. 人与自然和谐共处的农耕理念

云和梯田的地域文化中，蕴含着"人与自然和谐共处"的农耕理念。如广为流传的畲乡习俗"樟树亲娘"，畲童认古樟树为亲娘，寓意大自然是人类的母亲，传递着畲民"生态至上天人合一"的朴素理念。根据森林的保持水土、涵养水源，以及梯田的净化水质生态功能而设置的"山林—村舍—梯田—河流"整体环境格局，是人与自然和谐的典范；利用已开挖的遗弃银矿改造为梯田，是受损山体生态修复的样板。

2. 畲汉团结、共图发展的民族情谊

千百年来，畲、汉二族人民以执着的开拓精神，一路刀耕火种，共同开辟了云和梯田。八百年前担任处州知府的南宋诗人范成大在他的《劳畲耕》一诗中有描述："峡农生甚艰，斫畲大山巅。赤植无土膏，三刀财一田。"此诗反映了早期开辟山田的畲民用刀耕火种之法开山造田的历史。至今每年年初，丽水畲区有男女老少一起上山，劈砍草木的习俗。明清时期，随着畲汉民族的不断交融，汉族较先进的农业生产方式开始影响当地畲民，"食尽一山即他徙"的畲族游耕农业开始转向定居农业，由刀耕向牛耕、火种向水种方向发展。当地的畲汉人民开始共同开辟梯田，平整土地，引

水灌溉，种植水稻和瓜果蔬菜，形成如今梯田的雏形。

3. 公平公正的资源分配理念

在云和梯田，土地和水资源都以平等、公正的规则进行分配。比如一片山坡开垦出来的梯田往往由几个村共有，人们在协商好分配方案后，会在交接处竖一块没有任何文字的小石头做标记作为分配依据，大家心照不宣，遵守规则，不会蚕食他人土地。在水资源分配上，他们也遵循同样的规则。以村为例，水流分成若干股，每一片田都有固定的进水口和出水口，不能随意改变。水流灌满最顶端的梯田后，接着流淌到下一级，中间不断分叉，直到灌满最底端的梯田。中间不能截流和缩小流量，如果要改变现状，由村长主持解决。这个规则体现了人与人之间的平等和公正。

4. "绿水青山就是金山银山"的发展理念

近年来，云和以梯田景区为核心，构建全域旅游发展的大格局，推动文化和旅游深度融合发展，旅游产业实现新突破，文化事业迈出了坚实步伐。云和梯田景区从最初的寂寂无名，到如今通过5A景观质量评审，辐射带动了大批山区农民增收致富，这是深入贯彻"绿水青山就是金山银山"发展理念，实施乡村振兴战略的生动实践和成功案例。云和还以梯田开犁节为契机，汇聚业内专家学者的知识智慧，吸收国内外梯田景区发展经验，在科学把握的前提下，将云和梯田打造成为"最富底蕴""最具潜力""最有活力""最为动听"的梯田景区，谱写云和县域经济高质量发展的新篇章。

（三）制度要素

1. "一城一湖一梯田"的空间布局

云和立足"一城一湖一梯田"空间布局，创造性提出并实施"全域5A"战略，尤其是以梯田创建国家5A级旅游景区为龙头，立非常之志、举全县之力，引进实力财团合作开发，推动云和梯田实现从"藏在深山人未识"到"声名鹊起他乡知"的美丽蝶变。未来，云和将持之以恒把梯田开犁节一届一届地办下去，办成永不落幕的文化盛典，打造成为展示云和地域文化的一张"金名片"，让云和梯田成为农文旅融合发展的成功典范，成为生态产品价值转化的最佳实践。

2.绿色自然的生态农业模式

云和居民大多将村寨建在临近泉水的山腰，在村寨之下开辟梯田，引入山涧溪水灌溉农田，采摘山上的灌木嫩枝，通过填埋腐烂来增加土壤肥力。他们将梯田分成水田和旱地，在水田耕种稻谷，根据不同的海拔高度以及土质肥力分别种植不同的稻种，并定期更换稻谷品种；在旱地上种植番薯、黄豆、茶叶以及蔬菜瓜果。另外，他们还在临近村落的后山种植松、杉、苦槠等常绿乔木，形成四季常绿的山林。云和人善于生态养殖，比如用自产的稻米酿酒，用酒糟和水田里的猪草喂猪，用稻糠麸皮来养鸡。其饲养的"山地黑猪"和"云和乌鸡"以营养丰富、肉质鲜美而名噪天下。同时，他们运用富含氮、磷、钾等有机元素的高山畜禽排泄物及灌木嫩枝等绿肥，使得云和梯田出产的红米、紫米、糯米和其他黄、白稻米颗粒饱满、品相上乘，成为名副其实的有机生态稻米。

此外，云和梯田拥有极为丰富的自然资源，保持了生物多样性、循环性和可持续性。梯田除出产稻米、茶叶、高山畜禽及瓜果蔬菜等农副产品外，还有大量的野生草本植物、水生动植物及浮游生物。云和人在梯田内种稻的同时兼放鲤鱼、粉鳅、田螺等，这种动植物的配合形成了自然循环的生态效应。稻田中的田螺喜食田中的微生物和浮游生物，鲤鱼喜食螺肉，而且鲤鱼、粉鳅可以捕食落水的螟虫蚁螟或剥食稻丛叶鞘中的蚁螟群，大大减轻螟虫的危害。这样既避免了稻田施用大量农药，又避免了鱼类食用人工饲料；既能生产出美味、绿色的食品，还能维持和促进生态的平衡。

3.古朴的开犁节祭祀仪式

梯田是云和人的粮仓和生活的核心，其祭祀、信仰、生产也都围绕着梯田运转。由此衍生出一系列和云和梯田紧密相关的风俗习惯，其中最为重要的是每年春耕之际的"开犁节"。

开犁节是云和县梅源山区在每年芒种时令启动夏种的地方传统民俗活动，有着近千年的历史。它有一套完整、固定的活动程序，包括鸣腊苇、吼开山号子、芒种犒牛、祭神田分红肉、鸣礼炮、开犁、山歌对唱等，涵盖祭神、祈福、感恩和吉庆等传统民俗文化，集中展示了传统农耕技艺、民间艺术和民风习俗，体现了云和人崇尚自然，追求"天人合一"的传统文化核心思想。该民俗活动为研究农耕时代的社会制度、生活方式、审美取向及农耕文明的起源、发展提供重要依据，具有较高的历史、艺术和民俗学研究价值。

4. 因地制宜的耕种技术

云和梯田的农耕技艺因耕作地形而具有自身特色，主要体现在插秧、打稻等环节中。云和梯田插秧不像平原地区在插秧前要规规矩矩地拉绳子，一丝不苟。因梯田外形往往是带弧线的各种形状，一般大点的田都是由一个人从中间插起，从右到左插六至八棵秧苗，人倒退着走，这第一个人叫"头手"，全凭眼色判断自己秧苗的直距和横距，好的"头手"播出的秧行跟绳子拉的一样直。按头手秧老规矩，双脚距离要宽，要下蹲，头才能低到能瞄准秧苗成直线，插的秧才不会弯曲，不像第二手以后的"靠手秧"者可以随便站着。在梯田人中，能当好插秧头手的不多，年轻人谁也不愿落后，这就要靠手上的插秧功夫了。他们往往要凭此技艺一决高低，胜出者自然会大受尊敬和获得姑娘们的喜爱，往往在奠定头手地位的同时也俘获了爱情。每当人们来到一块大田上，就等着头手把第一手插下，后面的人才能跟上。

5. 团结互助的神田社仓制度

云和人注重团结互助，在日常生活中和睦博爱，这一群体意识深入他们的思维和观念中，还体现在神田和社仓之中。

在云和，梯田祭祀、疏浚渠道、社庙修理的费用通过神田制度摊派。梯田所在的每一个村，最肥沃的田往往是神田（即公田，是一个血缘村落的族田、社田，或者是个异姓村落的共有田产）。按照每户轮流耕种的承包规则，村庄所有的祭祀、兴修水利、渠道清理等费用均在神田收入中进行摊派支出。"开犁节"祭祀后的猪肉以"散胙"的形式分到每家每户，这些钱也从神田中抽取。摊上好的年份，承包户还略有赢余。碰上灾年，即使血本无归也不会有任何怨言。

与神田相伴的是社仓，社仓是一种互助机构，村民在丰年时自觉向社仓捐献稻谷，在每年青黄不接时，社仓将稻谷以平价卖给缺粮的百姓，灾年时用于赈济灾民，体现出朴素的和睦、博爱、相助的精神。

（四）语言和象征符号

1. 柔美的曲线和丰富的色彩

云和群山环绕，环境优美，山、水、梯田、村庄被和谐地融为一体。梅源梯田如链似带，从山脚盘绕而上，层层叠叠，高低错落，其线条如行云流水，规模壮观，气势恢弘，具有面积大、线条好、形状美、立体感强的特点，形成妩媚潇洒的曲线世界。

2. "童话云和"的符号和象征

云和梯田建于唐初，有千年历史，是由福建迁徙于此的畲民开垦。聪明勤劳的农人先祖，用手中小小的锄头，和着汗水，在高低起落的坡地上，经年累月，日复一日，开垦出这一惊世骇俗的奇观，把蛮荒的土地变成了良田沃土，创造了一个无限美妙的童话世界。云和梯田被誉为"中国最美梯田"，是"童话云和"的一个特殊符号和象征，也是云和的一张"金名片"。十多年来，云和梯田景区从鲜为人知，到人气渐旺，走过了一段不寻常的历程。如今的云和梯田景区，已经成为发展全域旅游的核心龙头景区。

二、核心基因提取与评价

基于对材料的全面、深入分析，本文化元素的核心基因可表述为："人与自然和谐共处的农耕理念""畲汉团结、共图发展的民族情谊""公平公正的资源分配理念"。

云和梯田核心文化基因评价依据

评价项目	评价因子	评价依据（特点）	是否
生命力评价	文化基因存续的时间	自出现起延续至今，未曾明显中断	√
		自出现起延续至今，但多次衰微、中断后复兴	
		曾明显衰败，改革开放后开始复兴或历史溯源关键环节缺失，难以考证	
		文化形态主体已灭失，现存部分痕迹	
	文化基因的稳定性	在发展过程中保持相当稳定的状态	√
		在发展过程中存在明显的精神内涵、表现形式剧变	
凝聚力评价	文化基因的凝聚力及社会动员效果	曾广泛凝聚起区域群体的力量，显著推动过社会经济文化的发展	√
		曾部分凝聚起区域群体力量，对社会经济文化的发展产生过影响	
		凝聚过力量，创造过实际的发展动能，但未见对社会经济文化发展产生显著改变	
		仅在历史文献或口耳相传中存在，未见实际介入社会经济发展	

续表

评价项目	评价因子	评价依据（特点）	是否
影响力评价	辐射的范围	具有全国性、世界性的影响力	√
		具有长三角区域、浙江省影响力	
		具有市县、乡镇影响力	
	提炼的高度	已经被古代文人士大夫和当代学者提炼为精神符号和理念理论	
		单纯的样式、造型、工艺技术规范	
发展力评价	与当代精神追求和价值观念的契合	传统文化基因得到创造性转化、创新性发展；区域革命文化基因被完整继承、广泛弘扬；区域社会主义先进文化基因成为与浙江"三个地"相适应的文化高地	√
		部分转化、部分弘扬、部分发展	
		难以转化、难以弘扬、难以发展	

说明：基因特点评价是对解码出来的基因，根据本《导则》表2的要求，围绕"四个力"逐一对表打"√"，进行定性表述

（一）生命力评价

"人与自然和谐共处的农耕理念""畲汉团结、共图发展的民族情谊""公平公正的资源分配理念"三大核心基因自形成以来延续至今，未曾明显中断，在发展过程中保持相当稳定的状态。

"人与自然和谐共处的农耕理念"逐步形成于云和人漫长的开荒砌田历史，至今得以完整保存。比如，人与自然的亲密关系通过"樟树亲娘"等习俗得以体现，"保持水土、涵养水源、修复受损生态的梯田体系"的理念得到完善保存并继续发挥作用。"畲汉团结、共图发展的民族情谊"则形成于明代云和银矿业兴盛之时，畲汉二族人民以执着的开拓精神，一路刀耕火种，共同开辟了云和梯田，并在这里繁衍生息、互通有无，

在土地、水资源的分配上做到了平等公正，还形成了具有民俗文化价值和社会保障意义的神田制度和社仓制度。"公平公正的资源分配理念"则一直是梯田经济制度的核心组成部分。梯田的开辟是一项大工程，往往需要几个村庄协同工作，于是劳动成果的分配成为关键。勤劳智慧的云和人以友好协商的方式以及良好的规则意识保障了土地和水资源的公平分配，这一传统理念也得以延续至今。

（二）凝聚力评价

"人与自然和谐共处的农耕理念""畲汉团结、共图发展的民族情谊""公平公正的资源分配理念"曾广泛凝聚起区域群体的力量，显著推动过社会经济文化的发展。

"人与自然和谐共处的农耕理念"形成了云和人"生态至上、天人合一"的朴素理念，在这一理念的影响下他们保持水土、涵养水源，既保护、修复了水土资源，也为族群的长久发展奠定了基础。"畲汉团结、共图发展的民族情谊"首先保障了地方社会稳定和团结，其次凝聚了畲族、汉族两族民众的力量，他们开荒拓土，砌造梯田，为经济文化的发展打下了坚实的基础。"公平公正的资源分配理念"形成于梯田开发的过程，它保障了梯田开发成果的合理公正分配，从而调动了民众开山砌田的积极性，进而带动社会经济文化的发展。

（三）影响力评价

"人与自然和谐共处的农耕理

念""畲汉团结、共图发展的民族情谊""公平公正的资源分配理念"具有全国性、世界性的影响力,已经被古代文人士大夫和当代学者提炼为精神符号和理念理论。

梯田是丘陵、山地地区的人们为了生产粮食、谋求生存而开垦的农田,普遍存在于全世界,在我国境内有就有广西龙胜龙脊梯田、福建尤溪梯田、贵州苗寨梯田、湖南紫鹊界梯田、云南元阳梯田等,国外则有清迈的水稻梯田、巴厘岛德格拉朗梯田、菲律宾巴拿威梯田、越南沙巴梯田等。在生态保护上,梯田是治理坡耕地水土流失的有效措施,具有显著的蓄水、保土、增产作用。同时,梯田的通风透光条件较好,有利于作物生长和营养物质的积累。因此,梯田既能保护自然,又能为人类的生存发展提供物质基础,它普遍体现了"人与自然和谐共处的农耕理念"。

同时,梯田的开砌往往需要个人、群体的精诚一致、合作团结,开砌后又需要对土地、水资源进行公正合理地分配,因此"畲汉团结、共图发展的民族情谊""公平公正的资源分配理念"是所有梯田背后的文化基因,已经成为精神符号和理念理论,具有全国性、世界性的影响力。

(四)发展力评价

"人与自然和谐共处的农耕理念""畲汉团结、共图发展的民族情谊""公平公正的资源分配理念"与当代精神追求和价值观念契合,具有创造性转化、创新性发展的前景。

"人与自然和谐共处的农耕理念"要求人民统筹社会发展和自然资源利用、环境保护,以取得可持续性发展,对于自然资源被过度利用乃至枯竭、环境污染严重、人类生存环境恶化的大背景具有重要的借鉴意义和学习价值。"畲汉团结、共图发展的民族情谊"鼓励加强民族内部凝聚力,团结一致、共图发展,是我国这个地域辽阔的多民族国家崛起和强大的必由之路。"公平公正的资源分配理念"则体现了平等和公正,分配理念孕育分配制度,而良好、合理的分配制度对于维护社会秩序、激发民众创造力和生产力具有重要推动作用,因此值得转化、发扬。

三、核心基因保存

"人与自然和谐共处的农耕理念""畲汉团结、共图发展的民族情谊""公平公正的资源分配理念"为云和梯田的核心基因。《梅源梯田开犁节》《梅源梯田开犁节迎神活动十八村》《梅源梯田书稿》《世外桃源浮云来——云和梯田民间故事集》等文字资料13份,保存于云和县文化基因解码调查组资料库。另外,出版有《石湖诗集卷》《云和县志》《云和县水利志》等。实物材料——云和梯田景区位于云和县崇头镇。

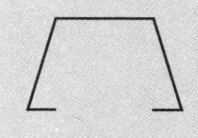

云和木制玩具

瓯江源头 云和文化基因

云和木制玩具

云和的木玩制作技艺源远流长，早在宋元时期，云和的大批木匠就已掌握了娴熟的木作技艺，开始生产像踏碓童车、鲁班锁、七巧板、九连环、木陀螺等传统木制玩具，是为云和木玩具的雏形。明清时期，福建移民将闽南地区的提线木偶带到云和，同时也带来了利用小杂木制作木偶的技艺。明末清初以后，欧洲传教士来云和传教办学，带来了具有西方文化特征的木制玩具，如马车、诺亚方舟等作为教学玩具，引发中西玩具文化的交流碰撞。抗日战争时期，吕公望将军在瓯江码头小镇赤石开办19家军民两用工厂作坊，带来脚踏驱动为主的铁木机械设备，使传统技艺在技术上有所革新。然而，在新中国建立以前，木玩工艺受社会生产力和科技水平的限制，始终处于原始状态。

新中国建立后，木玩工艺得到飞速发展，木玩产业走向鼎盛。20世纪70年代，依托丰富的林业资源，赤石小镇开始生产算盘、象棋、胡刷、木折椅等初级木产品，为云和木制品产业发展拉开了序幕，也为木玩产业奠定了人才和技术基础。70年代末期，由于产品技术含量低，加之激烈的行业竞争，云和木制品产业陷入困局，部分企业停产转产，亟需寻找新的出路。

正在这时，宝贵的机会从天而降。20世纪70年代的中国外贸增长势头日趋强劲，位于上海的轻工业进出口公司接受了较多的竹、木玩具加工订单，其下属企业又无法承担所有的加工任务。通过介绍，上海公司尝试将一部分订单交给云和工厂来制作。云和不负众望，凭借卓越的产品品质和加工效率获得了上海方面的认可。1973年，根据上海轻工业进出口公司的意向，浙江省二轻工业厅给云和安排了15万元的玩具生产计划。木制玩具的种子在云和的土地上开始发芽。此后，订单和合同接踵而来。1977年6月，云和玩具企业代表远赴北京参加全国工艺美术会议。自此，云和木玩开始在全国工艺美术品生产中占有一席之地。

80年代末，在全国经济改革浪潮中，云和木玩企业纷纷改制，木玩产业活力空前，发展速度大大加快，产值年均增幅达50%。玩具的品种不断增加，质量不断提高，木制玩具逐渐成为云和的代名词。

至90年代初期，随着改革开放的深入和市场经济的发展，云和木玩产业开始朝着"横向协作""机器加工""组织企业""集团公司"发展。1993年，云和工业小区建成后，涌现出一大批年产值1000万元以上的"玩具大王"，木玩成为云和最重要的出口创汇支柱产业。

进入新世纪以后，云和木玩产业在经济全球化大潮中取得了巨大的进展，同时也遇到了前所未有的产业危机和挑战，不畏艰险、迎难而上的云和木玩人以勇气和毅力克服了一道道难关。2007年8月14日，美国最大玩具商美泰公司宣布，在全球召回近1820万件中国产玩具，原因是这些玩具"存在磁铁易被孩童吞食隐患和油漆铅超标问题",整个中国玩具行业陷入产品质量危机。召回事件的发生,加速了《出国玩具质量许可(注册登记)工作实施细则(试行)》的出台。我国首次将竹木玩具列入出口管理范围,未获得出口质量许可的企业所生产的玩具不得出口。此时,云和木玩超过90%的产品销往欧美,但未纳入出口许可范畴。当时600多家企业都无法完成外销出口,价值8亿元的订单将无法出货。

在困难面前,云和没有手足失措。在云和玩具协会的带领下,云和企业一方面对产品紧急送检,另一方面,浙江省、丽水市、云和县各级政府密切关注、倾力协助,在各方努力下,云和玩具出口的宽限期问题基本得到解决。凭借着多年沉淀的品质优势和迎难而上的勇气,云和木玩渡过了危机,还迎来了前所未有的发展机遇。新政策下的云和木玩企业迅速调整,形成全新的产业结构、产品结构、管理方式。

2008年,由美国次贷危机引起的华尔街金融风暴席卷全球,欧美市场需求缩水,中国制造行业面临重重危机。在此形势下,"云和木玩企业近五成倒闭"的不实报道见诸报端,而事实上,走着品牌与质量之路的云和木玩在风暴中不但没有倒下,反倒走得更加坚强。在最困难的2008年,云和木玩出口总产值增长幅度仍然达到268%。在金融风暴中倒闭的8家企业中,仅有1家企业年产值达到千万,其他7家的年产值甚至不超过百万元。纵观其他在国内外叫得响、产品品质过硬的木玩企业,都是真抓实干,一步一个脚印,才换来在市场竞争中的游刃有余。在金融风暴中,云和的企业更加深刻地认识到品牌、质量的重要性,企业更加重视对自身的管理,也更让企业有了忧患意识,从而推动了云和优化木玩产业机构、提升木玩产品附加值的脚步。

近年来,为了加快木制玩具科技创新服务体系建设,云和县先后建立了木制玩具行业生产力促进中心、质量检测中心、人才培训中心、区域科技创新报务中心、工业园区信息化推进中心等5个中心,形成了快速有序、多元化发展的云和木玩产业。如今的云和木玩企业并没有满足现状,各个企业全面实施品牌战略,不断创新研

发、设计和销售模式，同时加大与其他产业的合作力度，提升产业附加值。

云和已经依托世界瞩目的木制玩具产业变成了"山水家园、童话世界"。

2000年，云和县举办了第一届"中国木制玩具节"。2003年，云和县又成功举办了第二届"中国木制玩具节"，数千名中外宾客会聚云和，共同参加玩具盛典。同年，中国轻工业部授予云和"中国木制玩具城"称号，2006年云和建成省级特色工业园区。2007年浙江省文化产业促进会授予云和省文化产业示范基地称号，这标志着中国木制玩具城文化产业的崛起。2009年，云和木玩具制作技艺入选浙江省第三批非物质文化遗产代表性项目。

一、要素分解

（一）物质要素

1. 优质的木材原料

云和木制玩具采用优质的木材原料。初创阶段，制作人就地取材，主要用本地产的松木、槐木、榉木等杂木，后来引入东北松木和海南岛橡胶木。目前云和木玩主要采用境外森林大国的优质木材，如新西兰松木、俄罗斯白桦、美国赤桦、德国榉木、泰国橡胶木。这些木材生长周期长，多有优雅自然的纹理与色彩，使作品显得质朴又高贵。小部分木雕工艺品企业也有采用红木、花榈木、黄杨木等高级木料做原材料的。

2. 种类繁多的制作工具

云和木制玩具的制作工具种类繁多，过去主要有木工凿、木工锯、木工钻、木工斧、木工刨、木工锤、墨斗、鲁班尺等。木玩产业现代化后，云和木玩引进了刨床、线割机、丝网印刷等高端设备。

3. 规模庞大、品牌突出的木玩产业群

云和县拥有木制玩具生产企业1000多家，是我国乃至亚太地区最大的出口木制玩具产业集聚地，素有"中国木制玩具之乡""中国木制玩具城"之称，是国家出口工业品质量安全示范区。近年来，在地方政府、检验检疫部门和企业三方共同

努力下，丽水云和木制玩具产业告别低附加值、劳动密集型的贴牌生产，开始了从做产品到做品牌的发展道路。经过多年发展，目前共有木制玩具注册商标312个，其中中国驰名商标2个、浙江著名商标6个、浙江名牌产品2个。"云和木玩"、"云和教玩"集体商标也被国家工商总局核准注册。

4. 悠久的木制玩具制作技艺历史

云和是中国木艺玩具典型的原产地，木制玩具制作技艺历史可追溯至清代。当时福建移民将闽南地区的提线木偶（俗称傀儡戏）带到云和，同时也带来利用小杂木制作和表演木偶的技艺。后来，随着欧洲传教士来云和传教办学，带来了极具西方文化特征的木制玩具作为教学用具，引发中西玩具文化最初的交流碰撞，成为日后创新的两大文化源泉。抗日战争时期，民国政府吕公望将军在瓯江码头小镇赤石开办19家军民两用工厂作坊，带来脚踏驱动为主的铁木机械设备，使传统技艺在技术上有所革新。20世纪70年代，赤石小镇开始木制玩具产业初创，星星之火最终成为燎原之势，90年代中国木制玩具城应运而生，使传统木制玩具制作技艺得到更好的传承发展。从明清时期传承下来的儿童玩具款式和制作技艺至今仍在生产和传承中，这是天、地、人组合配置的历史使然、环境使然。云和木制玩具业经历三十四年的风雨历程，以鲜明独特的风格在全国同行业中脱颖而出，成为全国闻名的玩具工艺产出基地。

（二）精神要素

1. 团结一致的行业精神

"团结一致，勠力同心"是全体云和木玩人团体精神的写照。他们在生产经营中是朋友、伙伴，虽然企业存在着竞争，但他们打破"同行是冤家"的常规，遵守行业游戏规则，还共享技术和信息资源、联手营销，营造了一个公平竞争、共同发展的良好氛围。在困难面前，他们抱团取暖，各取所长，为云和木玩产业这个大家庭贡献自身的力量。云和木玩人说："单枪匹马干不出大事业，只要我们团结一心，木玩产业还有广阔的空间等着我们去开拓。"

2. 刻苦钻研、坚持不懈的创业者品质

20世纪70年代，上海方面与云和签订的三批玩具的生产合同只能分配给集体企业，个体户几乎没有机会参与，而云和木玩传奇人物、木玩世家创始人之一何寿祯通过自己的坚持和努力，硬是从集体的"计划经济"里抢了一份单子出来。何寿祯拿到了上海方面出口日本的三种玩具样品——响板、技巧球、陀螺的试制机会后，立即安排生产样品。样品油漆一干，他就用大包袱背着产品，从云和山里出发，通过一道道关卡送往上海。然而，油漆的工艺老是不过关，使何寿祯来来回回跑了5次，最后几近崩溃。最后他鼓足勇气，提出去上海玩具厂油漆车间去看一看，上海方面被他的诚意打动，答应了，聪明的何寿祯一看就会，回去后又是一番新的调试，油漆关终于算过了。

现任云和县立信工艺品有限公司董事长何式明的技术攻坚故事同样在云和流传。20世纪80年代初，云和的玩具业尚没有丝网印刷制版工艺，而何式明当时所在工厂向上海玩具公司签订的两种英文方木产品，均需采用丝网印刷。

何式明找了许多技术书，认真钻研，都无法解决难题，只好跑到上海去"偷师"。他冒充玩具厂的工人进入车间，看完一次丝网印刷的全过程。

回家后，他尝试了70多次，终于完成漆膜雕刻丝绢漏板工艺。

不断地探索新的技术，使何寿祯、何式明的玩具厂成了当时云和玩具行业技术革新的领军者。虽然这一代人文化素质普遍不高，但屡败屡战，坚持不懈的创业者精神推动了技术进步，奠定了木玩产业的基础。

3. 勇于开拓、勤于思考的商业精神

浙江新云木业集团有限公司董事长廖复新的创业故事，亦是云和玩具人创业精神的一个缩影和亮点。20世纪80年代初，廖复新成立新云玩具实验厂不久，广交会开始了。身为厂长的廖复新带着两大箱新开发的木制玩具样品赶赴广交会，但是，广交会要求观众不得带任何产品进馆。廖复新不甘心无功而返，他将样品化整为零分别藏在包里，绑在腰间，塞在袋中，抱在怀里，然后跟着人流进了展会，将产品向一家家摊位推销，最终带回了十几万的订单。从一个不到10人的实验厂，发展到拥有3000多工人、产值3亿元的集团公司，背后是廖复新勇于开拓的精神。与此同时，廖复新善于观察、勤于思考，因此善于发现商机。1994年，廖复新赴美国考察。

某天，廖复新在公园里散步，他细心地发现，美国的公园里到处悬挂着鸟屋供鸟类栖息，回国后，廖复新马上安排人员设计各种款式的鸟笼，并将产品投放到美国市场，取得了巨大的成功。如今，鸟笼已经成为新云木玩的八大类之一，品种达1000余种。

4. 与时俱进的创新精神

云和是木制玩具之乡，从20世纪70年代开始发展至今，云和木玩已走过了50多年历史，实现了从贴牌生产到品牌打造、从出口外销到国内外市场并重的转变。一路走来，少不了云和木玩人勇于创新、攻坚克难的倾力付出。自提出"小县大城"发展战略以来，云和积极为县域各行各业发展提供帮扶，作为当时刚刚兴起的木玩电商也不例外，政府出台的一系列帮扶政策，为云和木玩电商发展赋能助力。木玩电商与时俱进，从淘宝品牌到拼多多，紧跟销售平台的变化，与时代的发展同频共振。如今，云和的木玩电商从开始的2家发展到了如今的1000多家，已有巧云、高胥、河上3个"淘宝村"，并连续4年入选阿里巴巴"中国电商百佳县"，实现了从无到有、从有到强的华丽转变。

（三）制度要素

1. 精细、严谨的木玩制作工艺

云和木制玩具制作技艺精细，工艺流程复杂，主要工序有设计、选材、烘干、白坯、上漆、丝印、组装等。

云和木制玩具的设计是一项综合性极强的工作。如传统木制玩具鲁班锁，其设计兼具复杂的榫卯结构、丰富的造型和色彩，并且蕴含传统文化精髓。其设计时必须将各个结构部分的尺寸精确到微米。

设计完成后由制作者进行选材。选材指的是选取木材进行粗加工、储存。制作者先用"墨斗"在圆木上弹线，随后锯成板材。取材后须将板材风干。一般采取自然风干或炭火烘烤风干，使玩具木材含水率保持在 6%~11%。烘烤好的木料进行防腐处理一个星期之后才能使用。

随后，制作者按照尺寸规格和质量要求，将经过烘干的板材锯割成各种规格、形状。然后进一步按照图纸和技术文件，使用各种木工机械进行平刨、压刨或四面刨、砂光、横切、开槽、打孔、成形砂光、成形抛光等工序，加工成规格尺寸、形状和表面质量符合产品要求的基本零件。这些产品称为"白坯件"。

将白坯件磨光平整后进行上漆。首先上第一层的底漆，然后进行再次磨光，最后再上面漆。上漆之后产品光泽或柔和自然，或绚丽夺目，细腻而美观。有的需在零部件上用丝印技术印上所需图案，或以手工画上所需的形象，然后再上透明的亮漆，使成品色泽细腻明亮。

此时，木制零件已基本成形，工人需将这些零部件进行装饰、组装，成为完整的玩具成品。装饰加工是对玩具产品的表面进行装饰，以达到美观效果，成为真正的商品。在实际生产中，装饰和装配的顺序是取决于产品的结构和加工要求的，可以在总装配成产品后进行涂饰，也可以先进行各零部件的涂饰后再装配。

2. 以家族、师徒关系为传承纽带

云和木制玩具工艺精细，工序繁复。长期以来，其制作技艺以家族、师徒等形式传承，靠父子、师徒间的口传心授得以代代相传。该技艺在云和民间发展传承较普遍，但在历史上尚无代表性人物可考。经过几代人的努力和积累，其生产单元从家庭作坊发展为家族式企业，是改革开放以来云和地区民营经济发展的典例。

二、核心基因提取与评价

基于对材料的全面、深入分析,本文化元素的核心基因可表述为:"规模庞大、品牌突出的木玩产业群""刻苦钻研,坚持不懈的创业者精神""精细、严谨的木玩制作工艺"。

云和木制玩具核心文化基因评价依据

评价项目	评价因子	评价依据(特点)	是否
生命力评价	文化基因存续的时间	自出现起延续至今,未曾明显中断	√
		自出现起延续至今,但多次衰微、中断后复兴	
		曾明显衰败,改革开放后开始复兴或历史溯源关键环节缺失,难以考证	
		文化形态主体已灭失,现存部分痕迹	
	文化基因的稳定性	在发展过程中保持相当稳定的状态	√
		在发展过程中存在明显的精神内涵、表现形式剧变	
凝聚力评价	文化基因的凝聚力及社会动员效果	曾广泛凝聚起区域群体的力量,显著推动过社会经济文化的发展	√
		曾部分凝聚起区域群体力量,对社会经济文化的发展产生过影响	
		凝聚过力量,创造过实际的发展动能,但未见对社会经济文化发展产生显著改变	
		仅在历史文献或口耳相传中存在,未见实际介入社会经济发展	

续表

评价项目	评价因子	评价依据（特点）	是否
影响力评价	辐射的范围	具有全国性、世界性的影响力	√
		具有长三角区域、浙江省影响力	
		具有市县、乡镇影响力	
	提炼的高度	已经被古代文人士大夫和当代学者提炼为精神符号和理念理论	√
		单纯的样式、造型、工艺技术规范	
发展力评价	与当代精神追求和价值观念的契合	传统文化基因得到创造性转化、创新性发展；区域革命文化基因被完整继承、广泛弘扬；区域社会主义先进文化基因成为与浙江"三个地"相适应的文化高地	√
		部分转化、部分弘扬、部分发展	
		难以转化、难以弘扬、难以发展	
说明：基因特点评价是对解码出来的基因，根据本《导则》表2的要求，围绕"四个力"逐一对表打"√"，进行定性表述			

（一）生命力评价

"规模庞大、品牌突出的木玩产业群"形成于20世纪70年代，是云和木制玩具实体经营场所，自出现起延续至今，未曾中断，同时产业规模不断扩大，产业结构不断升级优化。"刻苦钻研，坚持不懈的创业者精神"形成于云和木质玩具产业的创业时期，典型代表人物是何寿祯，这一精神被云和木玩经营者继承，因此得以较好地传承。"精细、严谨的木玩制作工艺"，现代化的制作技艺主要形成于20世纪70年代和80年代，目前木玩产业中应用的生产技术基本延续了这一制作技艺。

（二）凝聚力评价

"规模庞大、品牌突出的木玩产业群""刻苦钻研，坚持不懈的创业者精神""精细、严谨的木玩制作工艺"曾广泛凝聚起区域群体的力量，显著推动过社会经济文化的发展。木玩产业是云和县的核心支柱产业，是当地的主要经济活动载体。"刻苦钻研,坚持不懈的创业者精神"作为一代云和木玩产业创始人的精神写照，是云和人宝贵的精神财富，也是云和木玩产业的精神内核。"精细、严谨的木玩制作工艺"是云和木玩产业的技术基础和优势所在，它推动了木玩产业经济的发展，促进了木玩文化的传承。

（三）影响力评价

云和木玩行业产值65.9亿元（2018年），畅销世界76个国家和地区，成为国内规模最大、品种最多的木制玩具生产、出口基地，因此，云和"规模庞大、品牌突出的木玩产业群"具有世界性、全国性影响力。"刻苦钻研,坚持不懈的创业者精神"是一代云和创业者的精神写照，通过一代代传承，在云和木玩经营者群体中具有影响力。"精细、严谨的木玩制作工艺"为云和当地技艺传承人所具备，因此具有地区影响力。

（四）发展力评价

"规模庞大、品牌突出的木玩产业群""刻苦钻研,坚持不懈的创业者精神""精细、严谨的木玩制作工艺"与当代精神追求和价值观念契合，作为先进文化基因成为与浙江"三个地"相适应的文化高地。

三、核心基因保存

"规模庞大、品牌突出的木玩产业群""刻苦钻研，坚持不懈的创业者精神""精细、严谨的木玩制作工艺"是云和木制玩具的核心基因，《云和木玩具制作技艺》《云和县木制玩具制作技艺传承人廖复新》《云和县木制玩具节简介》《木制玩具》等 8 份资料保存于云和县文化基因解码调查组资料库，实物材料包括传统的工艺工具，主要留存在和信、新云等企业。

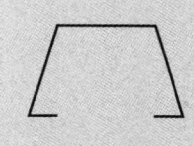

小顺浙江铁工厂

瓯江源头　云和文化基因

小顺浙江铁工厂

1937年七七事变后，日本帝国主义发动全面侵华战争。为占领中国的经济中心，迫使国民政府投降，日本侵略军于8月13日大举进攻上海，中国守军奋起抵抗，淞沪会战爆发，浙江岌岌可危。在此背景下，黄绍竑临危受命任浙江省主席。

当时，浙江几近敌后，形同独立，八百里海岸线和钱塘江防线脆弱，形势十分严峻。成立政工队、抗日自卫团、创办浙江铁工厂成为黄绍竑主政浙江的三大法宝。他首先成立全省各县的"抗日自卫委员会"，自任省抗日自卫委员会主任委员，又在各县成立战时政治工作队，开展抗日宣传、组织和训练，发展回乡学生、知识青年、中小学教师，希望培养能为他所用的青年力量；其次是建立浙江省国民抗敌自卫团，每一行署（专区）一支队，由桂系军队骨干和当地亲信当军官，相当于一个旅的地方军兵力。由于抗战开始时国民政府只给正规军队发放枪械，抗敌自卫团难以得到国民政府的武器配备，因此黄绍竑自设兵工厂，解决武器装备的自给问题，并将部分武器外销各省，支援其他地区。

1938年1月，浙江省政府利用从杭州搬迁来的大来、协昌、应振、金兴、熔瑞等铁工厂机器设备，在丽水筹建了"浙江省建设厅铁工厂"，兵工厂起初曾建在丽水城北的五宅底，后迁到大港头。1938年春，铁工厂成立不久，随着抗战形势的变化，省政府为沿海工业安全计，决定将温州、宁波等地的一些工厂迁入丽水。内迁的铁工厂机械设备相继运至大港头。

为了扩大生产，浙江省建设厅派员到云和县小顺进行考察，发现小顺前临龙泉溪，背后有丽浦公路，周边有山，中间为一盆地，适合建设厂房，便于人员隐藏和撤退，同时也便于运输材料与产品。于是，浙江省建设厅便在小顺设立了筹备处，开展建厂前的各项准备工作。最后将正屏山和沉香宫一带作为建造厂房的用地。为配合铁工厂建设，浙江省国民政府建立"小顺特约经济建设实验区"。1938年8月2日，省政府在云和小顺动工兴建新厂。

浙江铁工厂设立初期，是以从杭州撤出的十几家铁工厂的一些机器和工人为基础的。由黄绍竑自兼董事长，伍廷飏兼副董事长，宣铁吾（京沪杭警备副司令员、陆军中将）、黄祖培（省财政厅厅长）、李立民（省国民政府秘书长）等一些厅处长以及撤出来的各厂厂主为董事成立董事会作为铁工厂的领导机构。董事会之下，设厂长一人总负责。厂长兼总工程师黄祝民（曾两度留美，获麻省理工学院博士学位）由政府委派。

小顺铁工厂于1939年5月建成投产，后又将宁波、温州等地的几家铁工厂的机器也拆运过来，同时集拢杭州、温州、宁波等地的工人，全厂职工达到四千多人，连同家属超过一万人，成为当时浙江最大的企业。

同年5月扩充炼药室，成立第三厂，专任弹药之制造。10月，大港头附近塘头村新厂房告成，浙江省铁工厂就有了四个分厂，一厂设在小顺，制造"中正式"步枪，还制造黄绍竑亲自设计的枪榴弹；二厂设在石玄头嘴，制造机关枪；三厂设在玉溪，专制火药、手榴弹、枪榴筒、枪榴弹等；四厂设在大港头，负责企业自身需要增添的机床设备和其他通用机械以及担负新设计武器的试制任务。到1939年底，浙江省铁工厂每月可产1000多支步枪，50多挺轻机枪，五六万枚手榴弹和枪榴弹。除满足省国民抗敌自卫团装备外，还运销到广东、广西、贵州、福建、安徽、甘肃等省，支援全国抗战。

浙江铁工厂的不断壮大，引起了中共和其他爱国人士的广泛关注。1939年4月2日，周恩来以国民政府军事委员会政治部副部长的身份，在时任国民党浙江省政府主席黄绍竑的陪同下，乘专车自金华赴丽水，然后抵达云和小顺镇，当晚下榻黄绍竑的小顺别墅。4月3日，周恩来在黄绍竑、伍廷飏、张锡昌、黄祝民的陪同下视察浙铁总厂。他们参观了工厂的车间、工人的宿舍和食堂。在看到工人的伙食不太好时，周恩来当场对黄祝民提出要多关心工人生活的意见。随后，周恩来在全厂职工大会上发表了以宣传抗战、激发工人们爱国热情为中心内容的演讲，这场近两个小时的演讲深入浅出、鼓舞人心，受到工人们的热烈欢迎。演讲结束后，周恩来仍由黄绍竑陪同返回金华。为了纪念周恩来小顺一行，黄绍竑在总厂办公大楼门前的大道上竖立起了一座大铁门，门额上嵌以醒目的4个蓝底白字——"顶天立地"。

1941年3月，在兵工统一、制式统一规定下，浙江省铁工厂被军政部收归中央管理，成立兵工署东南区第二分厂。1942年7月，浙江省铁工厂迁至福建省南平县峡阳镇，一部分迁到西芹镇沙门，在1943年夏搬迁完毕，不能搬迁的厂房都埋设了炸药。其中玉溪分厂在日军接近瓯江渡口时引爆。小顺浙江铁工厂厂房至1949年为人民政府接管，总厂办公楼用作区公所，其他用作大会堂、学校和县粮油加工厂。

浙江省铁工厂在当时是浙江省最大的一个企业，也是东南地区首屈一指的兵工企业，是我国著名的武器生产基地之一，在敌后也是重要的政治与经济堡垒，为抗日民族统一战线的扩大作出了巨大的贡献。2017年1月13日，浙江省人民政府公布小顺铁工厂为第七批浙江省文物保护单位。

一、要素分解

（一）物质要素

1. 规模庞大、分工明确的工厂

1938年9月，位于丽水县的浙江省建设厅铁工厂与位于云和县的小顺铁工厂正式合并，组成新的"浙江省铁工厂"，以小顺厂为第一分厂生产步枪，大港头厂为第二分厂，进入了发展壮大时期。1939年5月，浙江省铁工厂原有炼药室扩充改组为第三分厂，设在丽水县玉溪村，以制造火药和弹药为主。同年10月，大港头第二分厂迁往丽水县塘头村（临近大港头）新厂址，以制造机枪为主，大港头厂区重新部署，成立第四分厂，生产机床设备和试制新武器。

2. 丰富的铁矿资源

浙江省铁工厂成立之后，首先需要解决原材料问题。其中最重要的原材料是铁矿。"云铁"曾是云和县的"生产之大宗"，当地铁矿资源"沙量丰富不虞匮乏，沙质优良经久耐用"，因此，丰富的铁矿资源成为铁工厂在云和县选址的重要因素。

（二）精神要素

1. 精诚团结、共抗国难的卫国理想

1939年4月2日，周恩来以国民政府军事委员会政治部

副部长的身份，在时任国民党浙江省政府主席黄绍竑的陪同下，乘专车自金华赴丽水，然后抵达云和小顺镇，当晚下榻黄绍竑的小顺别墅。4月3日，周恩来在黄绍竑等人的陪同下视察浙铁总厂。他们参观了工厂的车间、工人的宿舍和食堂。随后，周恩来在全厂职工大会上发表了以宣传抗战、激发工人们爱国热情为中心内容的演讲，这场近两个小时的演讲深入浅出、鼓舞人心，受到工人们的热烈欢迎。演讲结束后，周恩来仍由黄绍竑陪同返回金华。

周恩来视察浙铁，巩固与发展了浙江抗日民族统一战线，体现了国共两党精诚合作、共抗国难的情怀。对于争取黄绍竑等进步人士、巩固与发展浙江抗日民族统一战线、激发浙铁工人的抗日救国热情，都具有深远的历史意义。浙铁位于当时的东南前哨，不仅是中国首屈一指的兵工企业，也是重要的敌后政治与经济堡垒。

2. 军民一心，众志成城的抗战热情

在浙江省铁工厂筹备和扩建期间，云和县政府、民众为工厂的建设提供了很大的支持和帮助，呈现出众志成城共建铁工厂的革命热情。

1938年4月，宁波各工厂迁入云和县前，云和县提供了切实的协助，包括调查当地铁矿情况、陪同踏勘厂址并协同征用土地、准备建厂所需的砖瓦、采购铸铁所用铁砂和铁块等原料、协办厂房建造招标事务等。同时，当地民众也为浙江省铁工厂的筹建提供了很大的便利，包括应雇挑担沙石泥土、配合工厂征用土地和借用各族宗祠。浙江省铁工厂筹备和扩建能够较快推进，离不开当地政府和民众的积极配合。

（三）制度要素

1. 严格的安全保密制度

作为战时浙江最重要的兵工厂，浙江省铁工厂十分重视保密工作。平时对参观人员进行严格限制："各界人士来厂参观，须奉有主席或建设厅长之许可方准参观。"同时，浙江省政府对铁工厂厂区附近区域居民也进行严格管理，防止敌奸破坏。"厂区一概禁止陌生人移入小顺镇居住或营业。本厂制造军械机关值非常时期，汉奸潜伏活动，敌机肆意轰炸之时，对于本厂所在地，自应特别防范，以策安全……嗣后对于外来生客一律禁

止在小顺镇居住或营业。"1939年4月，为防止敌机破坏后方重要机关，浙江省政府规定"寄递上海及其他邮寄区域之邮电，绝对不能用任何机关衔名……各机关公务人员私人通信，不能用机关之公用信笺信封"，1940年8月，浙江省铁工厂为工厂安全，函请云和县动员委员会对铁工厂名称保密，"本厂为避免敌人注意起见，机关名称向不披露，贵会如必需登报征信时，应用'第二号'名义代替，以资慎密"。

2. 完善的商业化管理体制

1939年9月1日，浙江省铁工厂改组为商业化组织，成立董事会作为铁工厂的领导机构，设董事五人，监察人三人，董事中指定董事长、副董事长各一名，董事长代表本厂综理全厂事宜，并为董事会及董监联席会议之主席。黄绍竑兼任董事长，伍廷飏兼任副董事长，宣铁吾、杜伟、黄祝民为董事，许绍棣、朱孔阳、陈宝麟为监察人。同日开第一次董监联席会议，决定聘任黄祝民续任厂长。经浙江省政府委员会第1093次会议议决，《浙江省铁工厂章程》于1939年9月1日起施行。章程共计22条，工厂组织章程趋于完善，职责、分工明确，配套部门增加。浙江省铁工厂的组织架构基本上确定，以厂长黄祝民为首的管理层保持稳定，对铁工厂有计划地发展生产很有意义。

3. 人性化的后勤保障体系

浙江省铁工厂建立了生产消费合作社、公余社、员工子弟学校、医院等，为工人提供劳工福利。据记载，浙江省铁工厂原各分厂合作社"经重行调整，改组成立全厂性合作社"，"调剂必需品之供应，对员工生活，尚有裨益"。该合作社的业务包括："一、采购社员日用必需品以供社员及其家属生活上之需用；二、经营社员膳食、沐浴等事项；三、其他关于社员生活上之福利事项。"生产消费合作社为浙江省铁工厂员工提供了充裕的物资支持。同时，铁工厂成立了公余社，为员工提供丰富的业余生活。公余社的性质类似于"工人俱乐部"，成立的初衷是为工作之余的工人提供文化休闲活动。浙江省铁工厂成立之后，工人在工作之余几乎没有娱乐活动，成为影响地方治安的不安定因素。为了解决这一问题，公余社开设文化课，组织歌咏、话剧、戏剧、壁报、篮球、足球等活动，还开辟球场，购置体育器材，树立壁报栏，搭建戏台，开设图书室，定期开展文体娱乐活动，这些活动受到工人们的欢迎。

二、核心基因提取与评价

基于对材料的全面、深入分析，本文化元素的核心基因可表述为："精诚团结、共抗国难的卫国理想""军民一心，众志成城的抗战热情"。

小顺浙江铁工厂核心文化基因评价依据

评价项目	评价因子	评价依据（特点）	是否
生命力评价	文化基因存续的时间	自出现起延续至今，未曾明显中断	√
		自出现起延续至今，但多次衰微、中断后复兴	
		曾明显衰败，改革开放后开始复兴或历史溯源关键环节缺失，难以考证	
		文化形态主体已灭失，现存部分痕迹	
	文化基因的稳定性	在发展过程中保持相当稳定的状态	√
		在发展过程中存在明显的精神内涵、表现形式剧变	
凝聚力评价	文化基因的凝聚力及社会动员效果	曾广泛凝聚起区域群体的力量，显著推动过社会经济文化的发展	√
		曾部分凝聚起区域群体力量，对社会经济文化的发展产生过影响	
		凝聚过力量，创造过实际的发展动能，但未见对社会经济文化发展产生显著改变	
		仅在历史文献或口耳相传中存在，未见实际介入社会经济发展	

续表

评价项目	评价因子	评价依据（特点）	是否
影响力评价	辐射的范围	具有全国性、世界性的影响力	√
		具有长三角区域、浙江省影响力	
		具有市县、乡镇影响力	
	提炼的高度	已经被古代文人士大夫和当代学者提炼为精神符号和理念理论	√
		单纯的样式、造型、工艺技术规范	
发展力评价	与当代精神追求和价值观念的契合	传统文化基因得到创造性转化、创新性发展；区域革命文化基因被完整继承、广泛弘扬；区域社会主义先进文化基因成为与浙江"三个地"相适应的文化高地	√
		部分转化、部分弘扬、部分发展	
		难以转化、难以弘扬、难以发展	

说明：基因特点评价是对解码出来的基因，根据本《导则》表2的要求，围绕"四个力"逐一对表打"√"，进行定性表述

（一）生命力评价

"精诚团结、共抗国难的卫国理想""军民一心，众志成城的抗战热情"自出现起延续至今，未曾明显中断，且在发展过程中保持相当稳定的状态。

1937年，抗日战争全面爆发，全国民众同仇敌忾，中国共产党同中国国民党第二次建立合作，形成了抗日民族统一战线，"精诚团结、共抗国难的卫国理想"文化基因形成。同时，在抗日救亡宣传下，国内民众义愤填膺，誓将入侵者赶出国门，形成了"军民一心，众志成城的抗战热情"文化基因。进入新中国以后，抗战历史通过公众文化教育、校园教育得以传承，两大核心文化基因得以保存。

抗日民族统一战线，自上而下地凝聚了国家力量来对抗入侵者，"军民一心，众志成城的抗战热情"则凝聚了地方民众力量投入战争，两大核心基因共同凝聚起地方乃至全国的力量，为抗战胜利奠定了坚实的基础。

（三）影响力评价

"精诚团结、共抗国难的卫国理想""军民一心，众志成城的抗战热情"具有全国性、世界性的影响力，已经被当代学者提炼为精神符号和理念理论。

1937年，抗日战争全面爆发，全国民众同仇敌忾，中国共产党同中国国民党第二次建立合作，形成了抗日民族统一战线。自此全国军民都被发动起来抵抗日本入侵者，保卫国家主权和领土的完整，在这过程中，"精诚团结、共抗国难的卫国理想""军民一心，众志成城的抗战热情"始终作为重要的精神支撑力量影响着全国人民，直至抗战获得全面胜利。同时，这样的精神力量被载入民族的历史，被专家学者提炼总结为重要的精神符号流传后世。

（二）凝聚力评价

"精诚团结、共抗国难的卫国理想""军民一心，众志成城的抗战热情"曾广泛凝聚起区域群体的力量，显著推动过社会经济文化的发展。

"精诚团结、共抗国难的卫国理想"暂时终止了政党间斗争，促成了

（四）发展力评价

"精诚团结、共抗国难的卫国理想""军民一心，众志成城的抗战热情"与当代精神追求和价值观念的契合，作为区域革命文化基因应当完整继承、广泛弘扬。

在国家主权和利益受到侵犯时，全民一心、共御外侮是每一个民族的本能，否则这个民族就会被外敌侵略，湮灭于历史长河之中。因此，无论在战争还是和平年代，进行爱国主义教育、凝聚全民精神力量都是必不可缺的。"精诚团结、共抗国难的卫国理想""军民一心、众志成城的抗战热情"虽产生于我国抗战时期，但是在和平年代同样具有重要意义。中华民族崛起于世界之林，而国外敌对势力虎视眈眈，欲对华采取遏制打压，这一形势之严峻不亚于战争时期，正需要全国人民万众一心，努力奋斗，以完成中华民族之伟大复兴、捍卫国家利益和主权的完整。因此，亟需继承弘扬两大核心基因。

三、核心基因保存

"精诚团结、共抗国难的卫国理想""军民一心，众志成城的抗战热情"为小顺浙江铁工厂的核心基因，《小顺与浙江铁工厂》《战时省会在云和文史资料照片总汇》《浙江省保育二院在小顺》《浙江铁工厂》等文字资料保存于云和县文化基因解码调查组资料库，另外，出版物和历史资料有《浙江省铁工厂档案》《敌伪政治档案案卷》《铁工厂合作社》《一九三九年周恩来同志视察浙江铁工厂》《抗日战争时期浙江省铁工厂纪事》《浅谈周恩来视察"浙铁"的历史意义极其影响》《关于浙江铁工厂地下党活动的概况》《中共"浙铁"地下党组织沿革情况》。实物材料有"浙江省铁工厂工区规章"的匾、小顺铁工厂厂址、周恩来视察铁工厂而建立的亭子及两块纪念碑，保存于云和县小顺铁工厂旧址附近。

挺进师云和会议旧址

瓯江源头 云和文化基因 一

挺进师云和会议旧址

在南方三年游击战争期间，粟裕、刘英领导的中国工农红军挺进师积极配合中共中央的战略转移，通过广泛发动群众和进行武装斗争创建了浙西南革命根据地。作为南方三年游击战争的重要组成部分，浙西南革命根据地的建立有力地推动了中国革命的发展。虽然在敌人的残酷"清剿"下，浙西南革命根据地曾一度丢失，但纵观其整个发展历程，浙西南革命根据地仍具有重要的历史价值。

1935年2月组建的中国工农红军挺进师，在浙南进行了三年的游击战争，牵制和消耗了国民党军大量兵力，有力地掩护和策应了中央红军战略转移。中国工农红军挺进师不但成了一支能排除万难创造奇迹的武装力量，积累了游击战争的经验，而且在浙西南及整个浙南地区培养了大批革命新生力量，为浙江的解放事业奠定了坚实的基础。

据《南方三年游击战争——浙南游击区》《红军挺进师与浙南游击区》等相关资料记载，挺进师在入浙初期的5月上旬，于云和县境召开了师政委会，确定了部队进入浙西南以后的大政方针和战略部署。中共云和县委党史研究室编写、中共党史出版社2011年3月出版的《中共云和党史》第一卷（1935.5—1949.5）将此次会议称为"云和会议"。

关于"云和会议"召开的具体时间和具体地点，一直以来没有确切的说法。为确定挺进师这次会议的具体时间和具体地点，云和县对现有历史资料提供的有关线索进行研究，并到历史线索中涉及的云和县尖坳、龙泉市蛟垟、花庵、源口等村庄进行调查走访，对现在仍健在的、当时亲历亲闻红军行动的老人进行采访。经过长时间的努力，确定了"云和会议"召开的时间为1935年5月6日晚上，地点在崇头镇王荫山行政村尖坳自然村叶步通家楼上。

会议经过讨论，一致认为要抓住斋郎战斗胜利和敌人兵力暂时空虚的有利时机，把武装斗争和建设根据地结合起来，着手开创以仙霞岭为中心的浙西南游击根据地，使挺进师在这里能站住脚跟，以期更好地完成中央交给挺进师的任务。挺进师政委会采取切实实施武装斗争和建设根据地相结合的方针，要求全师尽快实现由正规军向游击队转变，由集中行动打运动战向分散开展广泛游击战转变。这时挺进师已改编为4个纵队和2个独立支队。师政委会根据任务的需要和部队的实际情况，将兵力进行了重新部署。

第一，确定以龙泉、浦城、江山、遂昌、云和、松阳等地区作为建立浙西南游击根据地的基本区域，由第一、第二纵队担负开辟基本区域的任务。并决定由宗孟平任师政委会随军代表和第二纵队行动委员会书记，带领第二纵队到遂昌、江山、衢州等地区活动。

第二，由黄富武、王蕴瑞、刘达

云组成师政委会分会,以黄富武为书记,带领第一纵队和师政治部全体人员,到龙泉、云和、松阳、遂昌等县活动。

第三,粟裕、刘英率第三纵队到杭江铁路沿线附近,在金华、汤溪、龙游、武义、宣平、丽水(处州)之间辗转游击,威胁金华、丽水等中心城市,扩大党和红军的政治影响,吸引国民党军北调,以策应第一、第二纵队实施开辟浙西南游击根据地的任务。

第四,决定以王裔三为纵队长、李凡林为政委的第四纵队留在龙泉河以南的浙闽边境,尽快取得与闽北游击区的联系,开展牵制敌人的游击活动。

云和会议是中国工农红军挺进师入浙以后召开的一次具有重大意义的会议,是挺进师从正规战向游击战转变的重要转折点,确定了武装斗争和创建根据地相结合的方针,在政治上、军事上、组织上为开创浙西南游击根据地作出了正确部署。为纪念此次会议,2018年7月10日,云和县在崇头镇王荫山村树立了中国工农红军挺进师"云和会议"旧址纪念碑。

一、要素分解

（一）物质要素

1. 军民团结一心的革命根据地

在粟裕、刘英的领导下，浙西南革命根据地于革命"低潮"中逐步形成，并且在浙西南人民群众的支持下，通过与敌人展开激烈的斗争，日益发展壮大，形成了局部的"高潮"。这一局部"高潮"，吸引和牵制了国民党的大量兵力，成功地策应了中央苏区主力红军的长征，显著地减轻了其他游击根据地的压力，有力地推动了中国革命的发展。从这个角度看，军民团结一心的浙西南革命根据地对于土地革命战争时期党的事业的发展起了重大的作用。

2. 不屈不挠、忠心向党的人民军队

粟裕、刘英等率红军挺进师，在中国革命的危急关头，临危受命，由最初的500余人，深入敌人腹心地区，孤军奋战，粉碎了敌人数次"清剿"，创建了浙西南游击根据地，发展壮大了党和红军力量，成为揳入敌人腹地的坚强红色堡垒。寸寸红土地，遍洒英烈血。三年游击战争中，挺进师先后有1000余名指战员献出宝贵的生命。志之所趋，无远弗届，穷山距海，不能限也；志之所向，无坚不入，锐兵精甲，不能御也。背后支撑他们的正是不屈不挠的精神和忠心向党的坚定信仰。

（二）精神要素

1. 坚定信念、不畏艰险的革命精神

在北上抗日先遣队遭遇国民党重创，仅先头部队突围之际，粟裕、刘英等538人组建中国工农红军挺进师，孤军深入浙江开展游击战争。1935年4月，挺进师采取"集中以打击敌人，分兵以发动群众"的方式，摧毁打击了国民党区乡基层政权，开辟了浙西南游击根据地。1935年7月，粟裕率领中国工农红军挺进师转战遂昌王村口，以王村口为中心建立浙西南游击根据地。面对革命形势迅猛发展，国民党当局调大军入浙对付挺进师，虽然挺进师进行了英勇斗争，但终因力量悬殊，根据地暂时丧失，指战员大部牺牲。在挺进浙西南的这三年中，挺进师从500多人的队伍，反复扩充又遭到了重大损失，再扩充又遭到重大损失，但成功吸引国民党七万大军，牵制敌人长达8个月，从战略上策应了主力红军长征，支援了邻近游击区的斗争。在与敌人开展艰苦卓绝的斗争中，师长粟裕和政委刘英精神支柱始终不动摇，这就是"坚定信念、不畏艰险、敢于胜利"的革命精神。

2. 迎难而上、不辱使命的担当精神

浙西南革命根据地是在中国革命遭受严重挫折的危急关头创建的，北上抗日先遣队以及中国工农红军挺进师的行动在策应中央苏区主力红军长征的同时，也面临着孤军深入的危险。但是，在中国革命的危急关头，北上抗日先遣队以及中国工农红军挺进师的广大指战员并没有选择退缩，而是主动担负起了历史赋予的使命和重托，选择了迎难而上。

在这一过程中，虽然其遭受了重大损失，例如北上抗日先遣队在一路转战的过程中，从出发时的6000余人锐减到和方志敏部会合时的2000余人；谭家桥和怀玉山战斗后，红十军团只有800余人突围出来；中国工农红军挺进师在浙西南转战时，第二、

第五纵队损失惨重，大量的指战员被杀害。但他们仍然不忘党中央的重托，在极端艰苦的条件下坚持着对敌作战。1935年3月，北上抗日先遣队突围部队到达闽北时，电台被敌人打坏，失去了和中共中央的联系，在此情况下挺进师部队还能够不忘重托，坚持艰苦的游击战，殊为不易，充分体现了中国共产党人的担当精神。

（三）制度要素
1. 灵活多变的游击战术

挺进师的前身是红军正规兵团的第七军团、第十军团，在几次反"围剿"的斗争中形成了擅长野战和阵地战的特点。但是为了开辟浙西南革命根据地，挺进师不得不抛弃"正规战"的斗争策略，主动采取游击战的战略战术，实现了斗争方式和斗争策略的重大转变。为了完成这一转变，以刘英和粟裕为代表的领导人自觉冲破了"左"倾教条主义思想的束缚，不是采取强迫命令而是循序渐进的办法培养红军指战员逐步适应游击战的特点。他们通过逐步增加部队分散斗争的时间，使部队逐渐积累了单独行动的经验，增强了进行游击战的自信心，顺利实现了由正规军向游击队的转变。为了打破敌人对浙西南革命根据地的第一次"清剿"，挺进师清楚地认识到自己"只是一支游击队"的现实，既谈不上防御战，也不可能大量歼灭敌人，必须采取以游击战的战略战术而不是阵地战作为反"清剿"的对策，从而创造了"你打你的，我打我的"和"敌进我退"等策略思想。这些斗争经验丰富了人民军队战略战术的思想宝库，为人民战争的最终胜利奠定了不可或缺的实践基础。

2. 因地、因时制宜的政治策略

在浙西南革命根据地第一次大发展时期，土地革命以打土豪、分田地为基本策略，基本适应了阶级矛盾突出的特点。粟裕及时提出"设想在民族矛盾日益加深的形势下，应从实际情况出发，适当地转变策略，调整政策，团结中间阶层，对上层分子根据其不同表现区别对待，以孤立敌人"的策略思想。于是根据地政权改变了打土豪的政策，把"没收委员会"改为"征发委员会"，征收"抗日捐"，从而缩小打击目标，扩大团结对象，减小了革命阻力。

针对本地商品经济比较发达，地

主兼工商业者多的特点，根据地政权还采取了保护工商业发展的政策，鼓励平原城镇的殷实客商进山做买卖，促进商品流通，改善了根据地经济状况，也争取到一批资本家和工商业者的支持，取得了团结一切抗日反蒋革命力量的政治优势。1937年初，宣遂汤游击根据地的中心——门阵地区就因此发展为一个被群众称为"小上海"的"小小的但又确实比较稳固的后方"。

二、核心基因提取与评价

基于对材料的全面、深入分析，本文化元素的核心基因可表述为："军民团结一心的革命根据地""坚定信念、不畏艰险的革命精神""迎难而上、不辱使命的担当精神"。

挺进师云和会议旧址核心文化基因评价依据

评价项目	评价因子	评价依据（特点）	是否
生命力评价	文化基因存续的时间	自出现起延续至今，未曾明显中断	√
		自出现起延续至今，但多次衰微、中断后复兴	
		曾明显衰败，改革开放后开始复兴或历史溯源关键环节缺失，难以考证	
		文化形态主体已灭失，现存部分痕迹	
	文化基因的稳定性	在发展过程中保持相当稳定的状态	√
		在发展过程中存在明显的精神内涵、表现形式剧变	
凝聚力评价	文化基因的凝聚力及社会动员效果	曾广泛凝聚起区域群体的力量，显著推动过社会经济文化的发展	√
		曾部分凝聚起区域群体力量，对社会经济文化的发展产生过影响	
		凝聚过力量，创造过实际的发展动能，但未见对社会经济文化发展产生显著改变	
		仅在历史文献或口耳相传中存在，未见实际介入社会经济发展	

续表

评价项目	评价因子	评价依据（特点）	是否
影响力评价	辐射的范围	具有全国性、世界性的影响力	
		具有长三角区域、浙江省影响力	√
		具有市县、乡镇影响力	
	提炼的高度	已经被古代文人士大夫和当代学者提炼为精神符号和理念理论	√
		单纯的样式、造型、工艺技术规范	
发展力评价	与当代精神追求和价值观念的契合	传统文化基因得到创造性转化、创新性发展；区域革命文化基因被完整继承、广泛弘扬；区域社会主义先进文化基因成为与浙江"三个地"相适应的文化高地	√
		部分转化、部分弘扬、部分发展	
		难以转化、难以弘扬、难以发展	

说明：基因特点评价是对解码出来的基因，根据本《导则》表2的要求，围绕"四个力"逐一对表打"√"，进行定性表述

（一）生命力评价

1935年至1937年，粟裕、刘英率领中国工农红军挺进师在浙江开展的游击战争是南方三年游击战争的重要组成部分，在军史、中共党史乃至中国革命史上有着重要历史地位。浙西南革命精神形成于新民主主义革命时期，思想上源于中国共产党人对马克思主义的坚定信仰，将为了实现革命目标而不畏强敌、奋斗到底的品格凝成了坚韧不拔的拼搏精神；动力上源于浙西南广大民众对自由解放的向往，将共产党人为了人民的自由解放而扎根群众、不惜牺牲、甘做革命先锋的行动凝成了为国为民的担当精神；实践上源于对革命斗争规律的把握，将共产党人自觉遵守实事求是思想路线、不断打破陈规、创造符合实际的革命路线和斗争策略的作为凝成了勇于突破的创造精神。

坚韧不拔的拼搏精神、为国为民的担当精神和勇于突破的创造精神分别作为思想、动力、实践的延伸与升华三位一体地丰富了浙西南革命精神，成为推动浙西南革命与建设的宝贵精神财富。

（二）凝聚力评价

在群众基础较好的条件下，挺进师能够逐步开辟浙西南革命根据地，离不开对党的群众路线的践行。群众路线作为党的根本工作路线，是毛泽东思想活的灵魂之一，是党的事业取得成功的一个关键。纵观挺进师在浙西南的活动，可以发现其深入践行了党的群众路线。挺进师到达浙西南之初，就积极地争取当地群众的支持，在宣传上，每到一地即强调红军是穷人的队伍，是为穷人打天下的。面对当时浙西南群众的贫苦状况，挺进师公开提出"打土豪，开仓济贫，帮助群众战胜夏荒"，领导群众开展了查田、量地插标、分配土地等工作。通过上述活动，挺进师逐渐得到了浙西南群众的拥护和支持。

（三）影响力评价

在开辟浙西南革命根据地之初，艰难的斗争环境迫使共产党人不得不思考如何才能获得对敌斗争的优势、如何才能在敌人"心脏地区"立脚生根，因而自觉突破"左"倾路线的束缚，回到实事求是的路线上来，逐步实现了战略战术、政治斗争方式、经济斗争形式的根本转变。从浙西南武装斗争的开始到国共合作在浙西南的实现，共产党人善于从实际出发，创造了与具体革命形势和区域特点相适应的斗争形式、斗争策略，不断把对敌斗争的劣势成功转化为克敌制胜的优势，推进革命积极向前发展，展现了勇于突破的创造精神。

（四）发展力评价

新民主主义革命时期，中国共产党人领导和团结浙西南各族人民进行艰苦卓绝、百折不挠的斗争，在不断赢得革命胜利的同时形成了"浙西南革命精神"。这一精神既是浙西南人民的宝贵精神财富，也是中国红色革命精神的重要组成部分，是实现民族复兴的重要精神动力之一。不忘初心，回到源头，对浙西南革命精神的源流进行历史分析，既有助于深刻把握其精神内核，准确把握革命成功的经验，又有助于在新时代继承和发扬这一精神,推动区域经济社会的创新发展、引领未来。

三、核心基因保存

"军民团结一心的革命根据地""坚定信念、不畏艰险的革命精神""迎难而上、不辱使命的担当精神"为挺进师云和会议旧址的核心基因,《简论浙西南革命根据地的发展历程与历史价值》《浙西南革命精神的源流论析》《云和县红色资源的初步梳理及思考》等7篇文字资料保存于云和县文化基因解码调查组资料库。出版物有《抗日战争时期浙江省会云和》《云和抗战研究》《粟裕战争回忆录》等,挺进师云和会议旧址位于崇头镇王荫山行政村尖坳自然村叶步通家楼上。

云和县小县大城发展战略

瓯江源头　云和文化基因

云和县小县大城发展战略

云和县地处浙江南部丽水市腹地，全县总面积984平方千米，素有"九山半水半分田"之称。在农业人口中，有相当一部分居住在高山、深山、库区及具有地质灾害隐患的区域，生产生活条件异常恶劣。作为浙江省的欠发达地区，云和无法依靠政府基础设施建设投入来改善交通、通讯、水电、医疗卫生、文化教育，因此必然严重拖延这些区域的民众享受城市化和现代化成果的时间，唯有引导和鼓励居住在这些地区的困难群众向县城、建制镇和中心村转移才是上策。

2001年，云和县委、县政府重新审视并把握宏观环境和县情实际，适时提出"小县大城"发展战略，把偏远地区的人口转移到县城和中心村，引导他们从事二、三产业，使人口、产业集聚度更高，基础设施共享率更高，人居环境和生活环境更好。与此同时，政府对高山地区实行退耕还林和封山育林，真正做到人口、经济、资源与环境和谐发展，社会与自然和谐相处。

战略提出后，云和县将上级政策导向与自身制度创新有效融合，突出做好"聚民"和"富民"两篇文章，深入实施"小县大城"战略。首先，云和县着力政策扶持，具体采取了优化搬迁方式、提高搬迁补助、创新政策融合等方法推动"大搬"；其次，云和县着力平台建设，通过做大居住、就业、就学三大平台促进"快聚"；最后，云和县着力扶贫改革，通过加强户籍改革管理、改革产权稳民心、创新社区优服务三大方法确保困难群众在县城和中心村"安居"。

经过近20年的"小县大城"探索，云和县在产业布局、社会民生、城乡统筹等各个方面均取得显著成就，尤其在人口转移集聚上，通过一系列政策制度的创新，形成了"搬得下、稳得住、富得起"的人口转移新局面，可以用"6799"来概括："6"是指云和高于全国平均水平的63%城市化率；"7"是指县城集聚了74%的人口；第一个"9"是指县城集聚了92.5%的学生；第二个"9"是指县城集聚了

90%的企业。这一战略得到了省市的充分肯定,并被评为省首届公共管理创新十佳案例。在这些数据的背后,是十几年来云和县委、县政府落实科学发展观、统筹城乡发展的不懈探索和实践创新。云和的"小县大城"格局,为欠发达地区统筹城乡发展、推进城市化提供了一个范例。

一、要素分解

（一）物质要素

在"小县大城"战略实施前，云和县最大的特点是山多地少、村多人少。10.9万人分布在170个行政村、800多个自然村，平均每个自然村只有90多人，100人以下的自然村占了50%左右，最小的自然村只有1户。要想把数以百计的贫困山村建成"小康村"，80%以上的农户住上钢筋砖木结构房，其难度之大、困难之多是可想而知的。因此，改变以村为单位、就地奔小康的传统思维，发挥县城盆地大（28平方千米）的优势，实施"小县大城"战略，引导农村劳动力向二、三产业转移，引导地处偏僻、自然条件恶劣的山区农民向中心村、集镇、县城集聚，这是云和县克服自然条件限制、加快奔小康步伐的必然选择。

（二）精神要素

1. 以县城为核心和增长极的发展方针

云和县山多地少、村多人少、交通不便、经济落后，要实施跨越式发展，必须要把有限的稀缺资源集中投入到发展潜力大、规模经济和投资效益明显的区位和产业，从而使增长点的经济实力强化，通过市场机制中的传导媒介力量，引导整个区域经济发展。云和全县面积只有984平方千米，其中林地面积121万亩、耕地7.3万亩、水域5.3万亩，是个典型的"九山半水半分田"的山区小县。山区的地理特征和资源配置的集聚效应，决定了经济发展只能以县城为核心，实施经济要素向县城集中战略，扩大县城发展空间，改善县城基础条件，把县城作为加快县域经济发展的主战场。以县城为重点，经济要素和产业向县城集中，有利于进一步强化县城作为县域经济中心的增长极功能，有利于突破中小城市建设所需的资金、交通、通讯等限制，有利于解决农业劳动力进城的适应性问题，有利于避免造成全面发展小集镇而导致的农村土地浪费和污染问题。

2. 以提高劳动力素质为切入口的发展思路

云和以提高劳动力素质为切入口，实施"万名农村劳动力素质培训工程"，每年投入专项资金开展免费教育和培训，打响"云和师傅"这一劳动力品牌。目前全县累计转移农村劳动力3.4万人。以"云和师傅"为代表，近7000人在全国26个省153个县从事异地综合开发。2003年，云和县被浙江省农业厅确定为全省唯一的农村劳动力输出示范县，农村劳动力培训转移工作连续4年获得省、市一等奖。

在鼓励"云和师傅"走出去的同时，云和县注重吸纳"外来人口"住下来。近年来，以木制玩具业为主的产业吸纳了大量的外来务工人员。仅有11万人口的云和容纳了2.42万的"外来人口"。全县登记暂住人口为1.55万人，绝大多数居住、就业在县城。这些"外来人口"来自四川、云南、贵州、河南、安徽、江西等省和邻县，云和人民以包容的姿态接纳了"外来人口"。他们当中既有从事普通工作的劳动者，也有企业的高管，"外来人口"全方位地参与云和的经济建设和社会管理。这些都得益于县城的快速建设，小县人民筑就的"大城"是一个公平友善的平台，给"外来人口"提供了广阔的创业空间、施展才华的舞台。

（三）制度要素

1. 科学合理、人性化的搬迁安置方案

云和县通过优化搬迁方式、提高搬迁补助、创新政策融合等政策来鼓励推动搬迁至市区安置。

优化搬迁方式。云和县政府充分考虑群众的承受能力、人口流向及方便群众生活、就业、就学等因素，采取进城公寓式安置（政府建房以成本价出售）、中心村小集镇自建房式安置、资金补助式安置（在县城规划区内购买商品房、二手房等政府给予资金补助）、县外安置等多种安置方式，因地制宜、因人而异，实行分层次、梯度式转移。目前，云和已先后建成48个异地搬迁安置小区（点），其中包含农民新村、普光、云甬等5个县城内的农民异地搬迁安置小区，累计安置35000余人。

提高搬迁补助。2005年，云和县政府制定出台《万名农民下山转移工程实施意见》，对进城购房农民给予6500—10000元/人的补助（当时省级补助只有3000元/人）。2008年，为鼓励进城农民购买商品房，将补助标准提高到400—900元/平方米。2010年，最高补助标准达17500元/人。

创新政策融合。云和县在兼顾社会效益的同时扩大搬迁范围，与县城一级饮用水源——雾溪水库保护工作相结合，将水库所在地雾溪乡纳入重点搬迁范围。县城在补助标准上大力度向水源保护地群众倾斜，最高达8万元/人，由原来的零星户、整村搬迁向整乡搬迁推进，既达到促进农民异地搬迁集聚的目的，又实现了饮用水源保护的目标。

2. 以民生为核心的居住、就业、就学体系

通过做大居住、就业、就学三大平台体系，云和县鼓励搬迁后的居民在城市集聚。

做大居住平台。云和县按照容纳8万人口的目标，及时对城市总体规划进行修编，划定县城中心城区规划区102平方千米，中心城区总体规划用地范围22平方千米。云和县先后在县城建设5个安置小区，累计搬迁安置到县城农民达2.2万人。目前大坪异地搬迁安置小区一期工程已建成入住，安置298户；大坪异地搬迁安置小区二期工程已全部完工，已安置地质灾害避让搬迁农户92户、337人，雾溪水源地保护农户162户、552人，其他异地搬迁农户110户、386人；大坪异地搬迁安置小区三期工程已全部结顶，正在进行基础设施建设。

做大就业平台。云和县实施农民培训转移就业工程，将异地搬迁群众优先纳入农民培训计划，促进搬迁群众转产转业。政府不断拓宽工业园区发展空间，由原来的0.17平方千米扩展到5.9平方千米，园区内生产企业达690余家，为进城农民提供2万多个就业岗位。

做大就学平台。进城后子女就学是群众最关心的问题。针对这一情况，云和县结合特扶项目，对古坊小学进行了扩建和提升，由原来的18个班增加到36个班，新增就学容量800余人。新建城南九年一贯制学校，小学部已于2018年投入使用，目前共开设14个班级，招生540余人，下半年新增

6个班级，预计新增招生200余人；初中部于2020年投入使用。义务教育条件的改善，切实解决了进城农民的后顾之忧。

3. 确保安居乐业的扶贫体系

通过户籍改革强管理、产权改革稳民心、社区创新优服务，云和县确保定居于城市的居民能够安居乐业。

户籍改革强管理。云和县政府建立以合法稳定住所或者合法稳定职业为基本条件，按经常居住地登记户口为基本形式的城乡统一的户籍管理制度。将进城农民户籍从原所在地迁至县城，就近纳入社区管理。目前，原农民性质的新居民在县城社区落户籍已达1万多人，其他人员将逐步落实到位。其中最早启动试点的普光小区内3895名新居民，已全部将户籍登记在普光社区，纳入社区管理。大坪小区在申购时就要求将户籍迁至购房所在社区，有效解决了原来"看得到的管不到，管得到的看不到"的问题。

产权改革稳民心。政府针对户籍制度改革后，搬迁农民户口性质统一转换为"居民户口"的实际情况，实行经济身份和社会身份相分离，即进城农民户籍迁至县城以后，经济身份仍然保留在原村集体经济组织，为股份经济合作社成员，凭借社员证可享受原有的土地承包经营权等"三权"。按照"就高不就低，自由选择，不重复享受"的原则，明确原农民户籍可享受与城镇居民同等的权益和待遇。

社区创新优服务。政府分别在普光、大坪两个异地搬迁进城人员集聚小区成立新社区，并通过选举由进城人员担任社区居委会主任，实现以居民"自家人"的身份参与社区决策管理。同时，云和县紧密结合异地搬迁进城人员就业服务需求，加强社区服务平台建设，重点开展"创业就业""融入社区"为主题的各类社区培训和社区文化活动，尽快实现生活方式转变，无差别融入城市。

4. 富有远见的产业集聚策略

产业集聚是推进城市化的基础和原动力。木制玩具是云和的传统产业，也是非常有潜力的特色工业。历届县委、政府都给予了高度重视，90年代初建立了木制玩具工业小区，1999年又申报省级特色工业园区。云和县以特色工业园区为抓手，加大投入，完善政策，优化服务，努力推进木制玩具产业的集聚和产业层次的提升。同时，云和县积极筹建金属加工园区，加快轴承、PTC陶瓷元件等优势产业发展，努力扩大工业经济总量。

二、核心基因提取与评价

基于对材料的全面、深入分析，本文化元素的核心基因可表述为："以县城为核心和增长极的发展方针""以民生为核心的居住、就业、就学体系""富有远见的产业集聚策略"。

云和县小县大城发展战略核心文化基因评价依据

评价项目	评价因子	评价依据（特点）	是否
生命力评价	文化基因存续的时间	自出现起延续至今，未曾明显中断	√
		自出现起延续至今，但多次衰微、中断后复兴	
		曾明显衰败，改革开放后开始复兴或历史溯源关键环节缺失，难以考证	
		文化形态主体已灭失，现存部分痕迹	
	文化基因的稳定性	在发展过程中保持相当稳定的状态	√
		在发展过程中存在明显的精神内涵、表现形式剧变	
凝聚力评价	文化基因的凝聚力及社会动员效果	曾广泛凝聚起区域群体的力量，显著推动过社会经济文化的发展	√
		曾部分凝聚起区域群体力量，对社会经济文化的发展产生过影响	
		凝聚过力量，创造过实际的发展动能，但未见对社会经济文化发展产生显著改变	
		仅在历史文献或口耳相传中存在，未见实际介入社会经济发展	

续表

评价项目	评价因子	评价依据（特点）	是否
影响力评价	辐射的范围	具有全国性、世界性的影响力	√
		具有长三角区域、浙江省影响力	
		具有市县、乡镇影响力	
	提炼的高度	已经被古代文人士大夫和当代学者提炼为精神符号和理念理论	√
		单纯的样式、造型、工艺技术规范	
发展力评价	与当代精神追求和价值观念的契合	传统文化基因得到创造性转化、创新性发展；区域革命文化基因被完整继承、广泛弘扬；区域社会主义先进文化基因成为与浙江"三个地"相适应的文化高地	√
		部分转化、部分弘扬、部分发展	
		难以转化、难以弘扬、难以发展	

说明：基因特点评价是对解码出来的基因，根据本《导则》表2的要求，围绕"四个力"逐一对表打"√"，进行定性表述

（一）生命力评价

云和县地处浙江南部丽水市腹地，素有"九山半水半分田"之称。2001年，云和县县委、县政府重新审视并把握宏观环境和县情实际，适时提出"小县大城"发展战略。战略提出后，云和县将上级政策深入实施。经过近20年的"小县大城"探索，云和县在产业布局、社会民生、城乡统筹等各个方面均取得显著成就，尤其在人口转移集聚上，通过一系列政策制度的创新，形成了"搬得下、稳得住、富得起"的人口转移新局面，得到了省市的充分肯定，并被评为省首届公共管理创新十佳案例，为欠发达地区统筹城乡发展、推进城市化提供了一个范例。因此，小县大城战略自2001年提出以来，得到了深入贯彻落实，其核心基因"以县城为核心和增长极的发展方针""以民生为

核心的居住、就业、就学体系""富有远见的产业集聚策略"自出现起延续至今，未曾明显中断，在发展过程中保持相当稳定的状态。

（二）凝聚力评价

经过近20年的"小县大城"探索，不断完善，"小县大城"发展战略在云和落地生根，结出了丰硕的果实。小县筑大城，统筹发展，走出了一条富有特色的发展之路。2007年，浙江省发改委、省统计局综合评价，云和县城乡统筹发展水平在全省60个县中排名41位，名列丽水市九县之首。实施"小县大城"发展战略以来，人口、产业、教育等要素快速向城关镇集聚。云和的城市化率达63%，高于全国平均水平，县城集聚了74%的人口和92.5%的学生，还集聚了90%的企业。因此，在政府调控手段下，"小县大城"很大程度上推动了云和县的经济、文化、教育等事业的发展，其核心基因为"以县城为核心和增长极的发展方针""以民生为核心的居住、就业、就学体系""富有远见的产业集聚策略"。

（三）影响力评价

2007年末，浙江省发改委将云和县列入全省统筹城乡发展的试点县之一，这是对云和"小县大城"发展战略的肯定。"小县大城"发展战略，就是以科学发展观为指导，坚持县城发展优先，加快产业、人口和资源向县城集聚，做大做强县城，进而发挥县城先进生产力和先进文化的扩散作用，促进城市基础设施向农村延伸，城市公共服务向农村覆盖，城市现代文明向农村辐射，改变城乡分割、各自发展的模式，走以城带乡、以工哺农、以乡促城、城乡联动的发展路子，实现城乡一体化。该县创造的"小县大城"格局，为欠发达地区统筹城乡发展、推进城市化提供了一个范例。"小县大城"战略在东南沿海的浙江、福建以及内陆的四川、贵州等地都得到了较好的实施，而云和更是其中的典范，为全国各地所学习、借鉴。因此，其核心基因"以县城为核心和增长极的发展方针""以民生为核心的居住、就业、就学体系""富有远见的产业集聚策略"具有全国性的影响力。

（四）发展力评价

云和原来的农村人口极为分散，9万多农民分布在170个行政村共823个自然村，政府采用进城公寓式下山、中心村小集镇自建房式下山、资金补助式下山、县外安置补助等多种转移方式，鼓励和引导高山远山区、库区、地质灾害隐患区的农民向县城、小集镇、中心村集聚。从2000年到2007年，全县共转移下山2.2万人，已建成农民下山小区9个，在建7个。目前，在县城动工建设农民公寓4.7万平方米，云和要让更多的农村居民入城定居。县城快速发展的"木制玩具业"和"金属加工业"为他们提供就业保障，从而变农民为真正的市民。因此，小县大城战略切实地改变了农村居民的生活面貌，促进了地方经济文化事业的发展，其核心基因"以县城为核心和增长极的发展方针""以民生为核心的居住、就业、就学体系""富有远见的产业集聚策略"与当代精神追求和价值观念契合。

三、核心基因保存

"以县城为核心和增长极的发展方针""以民生为核心的居住、就业、就学体系""富有远见的产业集聚策略"为云和县小县大城发展战略的核心基因,《山区小县也能建成美丽大城》《崛起中的小县大城》《云和:小县大城》等 18 项文字资料保存于云和县文化基因解码调查组资料库。

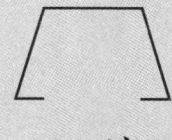

黄绍竑公馆

瓯江源头　云和文化基因

黄绍竑公馆

黄绍竑公馆位于白龙山街道瓦窑村云和县职业技术学校的校区内，建于民国三十三年（1944），为时任浙江省政府主席黄绍竑先生驻云和期间临时办公、生活的官邸。公馆为单层砖木结构建筑，坐北朝南，平面呈矩形，四坡屋顶，人字形木屋架，内廊式通道。其规模不大，有办公用房3个，会议室1个，宿舍3间，仓储间2个，面阔30米，进深10.2米，共计建筑占地面积约403平方米。南侧带西洋风格的砖石台基、罗马柱、人字形屋顶的门厅与传统民居风格的主楼中西合璧，交相辉映。公馆门口即为近两千平方米的演兵操练场（现为云中操场）。旁边还有瓦窑发电站、季宽游泳池等抗战遗迹。

1937年11月，日军在杭州湾北岸的金山卫一带登陆，杭州告急，浙江省政府迁往方岩。1941年5月，日军进犯诸暨，向金华逼近，省政府从方岩撤往松阳县。不久金华局势稳定，省政府于同年8月6日迁回方岩。1942年5月，日军大举进犯浙赣线，方岩再度告急，省政府又迁到松阳，但尚未开始办公，便闻衢州、龙游皆已失守，遂决定迁往云和县，并正式决定以云和县为临时省会，直到抗日战争胜利后，于1945年9月至10月陆续返迁杭州。

黄绍竑先生于1937年12月任浙江省主席，为抗战时期知名爱国民主人士，与李宗仁、白崇禧一同为新桂系三巨头，除浙江省外还曾任湖北省主席、第三战区副司令长官、中国国民党第六届中央监察委员等职。1937年在山西娘子关一役，黄绍竑曾得到八路军聂荣臻部队救援，并向周恩来请教过发动民众抗日的办法，对团结抗日有切身体会。在民族存亡关头，革命军事委员会副主席周恩来以国民政府军事委员会政治部副部长的身份，从重庆经皖南新四军总部，来到东南抗日前哨的浙江。1939年4月2日至3日，周恩来与黄绍竑举行了历史性的会晤，并作《国内形势报告》，奠定了国共在浙江联合抗日的政治基础。1949年4月，黄绍竑作为国民政府和谈代表，到北平参加与中共的谈判，后发表声明脱离国民政府。新中国成立后，黄绍竑曾任政务院政务委员、全国政协第一至三届委员、中国国民党革命委员会中央常务委员、和平解放台湾委员会副主任等职。

黄绍竑公馆至今已岁过甲子，在相关方面和有关人士共同努力之下，整体面貌得以较完好地保存下来，2007年6月，云和县人民政府公布黄绍竑公馆为县级文物保护单位。2011年1月，浙江省人民政府公布黄绍竑公馆为第六批省级文物保护单位。

鉴于云和作为浙江省临时省会这一重要历史，云和县重新规划、修复建设，以本县抗战史为主题，在公馆内建立了云和抗战纪念馆，并于2019年9月30日开馆。云和抗战纪念馆占地面积约403平方米，共划分九个单元、十一个展区，空间布局上基本结合了公馆本身的特点，打造了九大核心展区与辅助配套空间，承载着纪念馆多重的文化功能载体。公馆内的

九个单元分别为："黄绍竑在云和""总理访问鼓士气""临时省会在云和""红军挺进浙西南""云和根据地的斗争""旌旗蔽日敌若云""省会气象今犹记""百废今日再兴起""激扬文字振人心"。馆内还有两个房间为黄绍竑书房卧室复原与黄绍竑故居会议室复原，一件件珍贵历史物件还原了黄绍竑先生旧时在云和居住生活的真实场景。走进卧室，仿佛能看见黄绍竑正在书桌前办公的辛劳场景。

一、要素分解

（一）物质要素

1. 中西合璧的公馆建筑

黄绍竑公馆建于抗战时期民国三十三年（1944），公馆为单层砖木结构建筑，坐北朝南，平面呈矩形，四坡屋顶，人字形木屋架，内廊式通道。其规模不大，有办公用房3个，会议室1个，宿舍3间，仓储间2个，面阔30米，进深10.2米，共计建筑占地面积约403平方米。南侧带西洋风格的砖石台基、罗马柱、人字形屋顶的门厅与传统民居风格的主楼中西合璧，交相辉映。

2. 意义重大的周黄会晤

黄绍竑在临时省会云和共有三处公馆，一是小顺公馆，二是云和县城鲤鱼山脚的郑家祠堂，三是云和城郊瓦窑村的公馆。黄绍竑最早住在小顺公馆，老公馆早已不复存在，现在的公馆按照老公馆1∶1比例复制。小顺公馆的议事厅接待过许多政府要员，最著名的就是周恩来。1939年4月2日，周恩来受党中央指派，在白崇禧陪同下，以国民政府军事委员会政治部副部长身份经浙东来到小顺，在公馆与黄绍竑彻夜商谈抗日救国事宜。周恩来要求黄绍竑保护和支持谭震林、粟裕部队的生存、壮大，为共产党抗日武装力量在浙江的发展壮大营造良好

空间环境，这便是浙江抗战史上意义重大而深远的"周黄会晤"。历史上，周恩来、黄绍竑共有三次会晤，第一次是1938年的"汉口会晤"，第二次是1939年初的"天目山会晤"，小顺这次是第三次会晤。通过三次会晤，周恩来争取到以黄绍竑为代表的国民党进步势力的支持，扩大了共产党在民众中的威信，为浙江省抗日民族统一战线的形成奠定了基础。会晤后，黄绍竑提出"学习延安、刷新政治"的口号，在制订《浙江战时纲领》时汲取了共产党的部分抗日主张，并在遂昌、云和、龙泉设立国共合作试点县。

（二）精神要素
1.临危不乱、镇定自若的儒将风范

民国三十一年（1942）五月，日军大举窜扰浙东，浙江省会各机关迁移松阳，敌人攻陷龙游、衢县，省会再迁至云和，攻陷丽水，复迁至景宁、龙泉、庆元一带。九月初，敌人撤退，遂迁回云和。民国三十三年（1944）八月，日军重陷丽水，继续南犯，迫近碧湖，离云和只有四十公里的时候，久经沙场的黄绍竑照常办公，而不轻易移动，直至方山战役重创日寇。这显示出黄绍竑临危不乱、镇定自若的儒将风范以及出色的判断力。

2.同甘共苦、共御国难的爱国之情

浙江省临时省政府迁入时，云和还是经济文化较为落后的地区，俗谚有"处州十县九无城"之说。县城内仅有四百来家住户，连一座土围墙都没有。因临时省会迁入而来此的公务员及眷属要比当地人口多好几倍，衣食住行成了极大的困难。城郭附近村落的破落祠堂、庙宇成为省会机关办公的地方，人民的灰房毛房则修成职员的住所。在这艰苦的岁月里，省政

府和云和人民勠力同心，建筑了水力电厂，开办了几所设备相当完备的学校与医院，使民众获得良好的医疗条件，同时提高了其文化程度。最终，省政府在此坚守三年，迎来了胜利的曙光，这离不开省政府和云和人民同甘共苦、共御国难的爱国之情。

（三）制度要素

在周黄会晤中，周恩来与黄绍竑进行了多次商谈，阐明我党抗日民族统一战线的政策和原则，详细交换了共同抗战的问题，初步达成四项协议：一、统一意志，减少摩擦，精诚团结，坚决阻止日军于钱江以北；二、中共指定一名代表，协调国共双方关系，商量解决抗战中可能发生的问题；三、中共参加地方工作人员，不发展党的组织，也不在其后方地区发展武装组织；四、共同创办抗日刊物，宣传抗日救国主张，发动民众，实行全民抗日，为抗战胜利奠定了基础。

二、核心基因提取与评价

基于对材料的全面、深入分析,本文化元素的核心基因可表述为:"中西合璧的公馆建筑""同甘共苦、共御国难的爱国之情""举足轻重的抗日民族统一战线"。

黄绍竑公馆核心文化基因评价依据

评价项目	评价因子	评价依据(特点)	是否
生命力评价	文化基因存续的时间	自出现起延续至今,未曾明显中断	√
		自出现起延续至今,但多次衰微、中断后复兴	
		曾明显衰败,改革开放后开始复兴或历史溯源关键环节缺失,难以考证	
		文化形态主体已灭失,现存部分痕迹	
	文化基因的稳定性	在发展过程中保持相当稳定的状态	√
		在发展过程中存在明显的精神内涵、表现形式剧变	
凝聚力评价	文化基因的凝聚力及社会动员效果	曾广泛凝聚起区域群体的力量,显著推动过社会经济文化的发展	√
		曾部分凝聚起区域群体力量,对社会经济文化的发展产生过影响	
		凝聚过力量,创造过实际的发展动能,但未见对社会经济文化发展产生显著改变	
		仅在历史文献或口耳相传中存在,未见实际介入社会经济发展	

续表

评价项目	评价因子	评价依据（特点）	是否
影响力评价	辐射的范围	具有全国性、世界性的影响力	
		具有长三角区域、浙江省影响力	√
		具有市县、乡镇影响力	
	提炼的高度	已经被古代文人士大夫和当代学者提炼为精神符号和理念理论	√
		单纯的样式、造型、工艺技术规范	
发展力评价	与当代精神追求和价值观念的契合	传统文化基因得到创造性转化、创新性发展；区域革命文化基因被完整继承、广泛弘扬；区域社会主义先进文化基因成为与浙江"三个地"相适应的文化高地	√
		部分转化、部分弘扬、部分发展	
		难以转化、难以弘扬、难以发展	

说明：基因特点评价是对解码出来的基因，根据本《导则》表2的要求，围绕"四个力"逐一对表打"√"，进行定性表述

（一）生命力评价

黄绍竑公馆建于抗战时期的民国三十三年（1944），为时任浙江省政府主席黄绍竑先生驻云和期间临时办公、生活的官邸，在相关方面和有关人士共同努力之下，整体面貌得以较完好地恢复保存下来。近年来，经云和县重新规划、修复建设，在公馆内建立了云和抗战纪念馆，全面、生动地展现了民国时期浙江省政府和云和人民团结一致、共御国难的辉煌历史，馆内还用珍贵历史文物复原了黄绍竑书房、卧室、会议室，使游览者仿佛能看见黄绍竑正在书桌前办公的辛劳场景。因此，公馆的核心基因"中西合璧的公馆建筑""同甘共苦、共御国难的爱国之情""举足轻重的抗日民族统一战线"，通过实物和文字记录延续至今，在发展过程中保持相当稳定的状态。

（二）凝聚力评价

抗战时期，浙江省政府迁入云和后，黄绍竑公馆也成了全省的政治、经济、文化中心和抗日救亡运动指挥中心。黄绍竑创办三家兵工厂，动员全省人民共同抗日，颁布全省"战时政治纲领"，与共产党军队新四军协调共同抗日，并经"周黄会晤"后促成了浙江地区抗日民族统一战线的形成。同时，黄绍竑十分重视教育等事业的发展，他提出了"战时教育第二，平时教育第一"的教育方针，并创办了浙江英士大学。因此，核心基因"中西合璧的公馆建筑""同甘共苦、共御国难的爱国之情"、"举足轻重的抗日民族统一战线"很大程度上凝聚了地域力量，为国家保卫领土、抵御外敌做出了巨大贡献，同时还推动了地方经济、文化、教育事业的发展。

（三）影响力评价

抗战时，云和县为浙江临时省会，为全省的政治、经济、文化中心和抗日救亡运动指挥中心。黄绍竑公馆是时任浙江省政府主席黄绍竑先生驻云和期间临时办公、生活的官邸。周恩来与黄绍竑举行的历史性会晤奠定了国共在浙江联合抗日的政治基础。

2019年，鉴于云和作为浙江省临时省会这一重要历史，云和县重新规划、修复建设，以本县抗战史为主题，在公馆内建立了云和抗战纪念馆。各地党政机关、普通民众来此参观学习，回顾浙江艰苦卓绝的抗战历史。因此，黄绍竑公馆的核心基因"中西合璧的公馆建筑""同甘共苦、共御国难的爱国之情""举足轻重的抗日民族统一战线"具有长三角区域、浙江省影响力。

（四）发展力评价

近年来，为深入挖掘抗战文化，云和县成立了抗战省城保护和利用领导小组、抗战文化研究指导小组，整合力量开展挖掘研究云和抗战史，先后开展了拍摄抗战纪录片《战时省会烽火云和》，制作抗战图板和画册，组建"老兵"宣讲团等活动、修建抗战纪念馆，进一步保护红色遗产，弘扬抗战精神。以黄绍竑公馆为载体，"中西合璧的公馆建筑""同甘共苦、共御国难的爱国之情""举足轻重的抗日民族统一战线"三大核心基因是抗战文化的重要组成部分，与当代精神追求和价值观念契合，作为区域革命文化基因亦被完整继承、广泛弘扬。

三、核心基因保存

"中西合璧的公馆建筑""同甘共苦、共御国难的爱国之情""举足轻重的抗日民族统一战线"为黄绍竑公馆的核心基因，《浮云古韵》等文字资料保存于云和县文化基因解码调查组资料库。出版物和资料有《抗日战争时期浙江省会云和》《云和抗战研究》《五十回忆》等，黄绍竑公馆位于浙江省云和县职业技术学校校园内。

箬溪书院

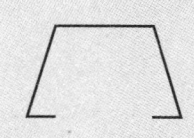

瓯江源头 云和文化基因

箸溪书院

箬溪书院建造于清道光七年（1827），筹建时称箬溪义学，在道光二十三年（1843）建成后改名箬溪书院。云和解放街临街面有段砖砌旧墙体，便是当年著名的箬溪书院的残余。

据《云和县志》清同治三年（1864）刊本记载："箬溪书院在朝阳坊。道光七年署知县郑锦声偕绅士魏文瀛、梅佳模、王延宝等集资创建为箬溪义学，其右为社仓。左为朱子祠。二十三年（1843）署知县高毓岱，改为箬溪书院。倡绅士梅榕等捐置租田以裕膏火。"书院建成后，"未有膏火，考课无资"，曾因经费不充，未能启课。知县高毓岱到任后，每月集诸生试以文艺，择取优秀者给予奖励。同时劝谕地方绅士捐输，得田亩以为书院经费。高毓岱因这一善举而功载史册。据《云和县志》记载："箬溪书院，主管书院者谓之山长。开课三年后，邑内好义者相率集资，以期经久，共捐钱4335缗（成串铜钱，千文为缗）。购田200亩，岁得租谷570石。"

辛亥革命时期，包括云和著名的辛亥革命先行者魏兰在内的三十四名留日学生曾在箬溪书院就读，后来以此创立先志学堂作为革命据点。据《云和县志》记载："光绪三十年（1904）正月，光复会行总部执行员魏兰偕陶成章，利用箬溪书院创办先志学堂，作为革命党人联络会党、发动武装革命的据点。"箬溪书院的先志学堂成为了浙江第一所联络会党和培养革命骨干的学校，魏兰还把自己家族的很多成员一起带到了革命阵营。辛亥年间，各条战线上都活跃着先志学堂学员的身影，他们在攻克上海、光复浙江的数次战役中立下了赫赫战功。

箬溪书院不仅培养了辛亥革命志士，还是云和的"黄埔军校"。魏兰在云和箬溪书院创办先志学堂，聘请清末著名拳师、辛亥革命志士、处州双龙会首领之一、云和朱村人李春贤为体育教员，传授武术。李春贤任体育教员后，将自己创造的八步洪拳纳入体育课门类。倡导"习武修德，以武强族"，培养造就了一批革命志士。其中，有名留千古的辛亥革命志士叶仰高。他弃文习武，于攻克天堡城时担任敢死队长，他曾和一批志士在先志学堂跟随李春贤一起练习八步洪拳。在那个特殊的历史阶段，八步洪拳为加速清王朝的灭亡做出了贡献。至今八步洪拳在云和县还在广泛流传，经久不衰。

斗转星移，岁月沧桑，箬溪书院未能幸免于岁月的磨蚀，戛然而止于历史的变迁之中，它湮为残垣断壁，仅存半爿墙，就像一位步入耄耋之年的老人，步履蹒跚，像一部古老的书，载满了沧桑而悠远的故事。布满青苔的一石一瓦,能读出时代的变迁,门前流动的风,依旧盛着往日的荣光。

一、要素分解

（一）物质要素

1. 历史悠久的书院旧址

云和解放街，现在浮云街道办事处所在地，临街面有段砖砌旧墙体还有二个砖彻圆门。这经历过近二百年风雨的断墙残壁后面曾是当年著名的箬溪书院。

2. 继往开来的云和县实验小学

云和县实验小学起源于清光绪三十二年（1906）的"箬溪书院"之"先志学堂"，创办者为辛亥革命先驱魏兰先生。创办之初仅有数名学子。一百多年间，从"先志学堂"到如今拥有师生二千余名的"云和县实验小学"，学校几经风雨，仍矢志于教书育人之崇高使命，在这片热土上，俊彦云集，英才辈出。

（二）精神要素

1. "习武修德，以武强族"的武术精神

八步洪拳提倡"习武修德，以武强族"的先进理念。它不单纯是一种拳术，更突出表现了人们的价值观及民族情感，体现了中华民族武术和谐的精髓所在，承载着深厚的文化内涵。它也培养了辛亥革命志士的先志学堂精神，使其得到传承并发

扬光大。作为一种"活态"传承的非物质文化遗产，八步洪拳注重内外兼修，将人的竞争与对抗以技、勇、智、德等方式表现出来，蕴含社会哲学、中医学、美学、气功等多种传统文化思想和观念，具有东方武术文化特有的哲理性、科学性和艺术性，集中体现了中华民族传统武术的智慧。

2. 矢志不渝、舍身为国的家国情怀

箬溪书院创始人魏兰在创办先志学堂时，冒着清政府"随时获到，就地正法"的风险。魏兰于1904年从东京返国，在上海会见蔡元培，共商江浙反清计划，并与陶成章去浙西浙南农村，联络会党，培养革命干部。魏兰变卖田产，在原云和箬溪书院创办"云和先志学堂"。陶成章则化名起东，以教员身份培养革命人才。据《陶成章集》记载："甲辰（1904）魏兰从杭州由水道经兰溪、龙游回云和。先生（陶成章）由岸道步行至分水、建德，经松阳而至云和。魏兰创先志学堂，请先生（陶成章）为教习。"两个人从杭州出发，分别从水路、陆路到云和。可见当时形势紧张，亦体现了陶成章和魏兰矢志不渝、舍身为国的家国情怀。

（三）制度要素

源远流长的八步洪拳拳术。魏兰先生在光绪三十年（1904）创办先志学堂时，聘请清末著名拳师、辛亥革命志士、处州双龙会首领之一、云和朱村人李春贤为体育教员。李春贤师从奇人凤阳婆和南少林高僧陈德标，他创造的八步洪拳由套路、器械、取穴点击术等组成。因主要步法"丁八步"而得名，拳术要诀为"拳术要名丁八步，练功需防上下门，拿中要穴定时血，九技十全防打身"，形神并练，刚柔相济，属浙江传统武术套路中的稀有拳种之一。

二、核心基因提取与评价

基于对材料的全面、深入分析，本文化元素的核心基因可表述为："历史悠久的书院旧址""矢志不渝、舍身为国的家国情怀""源远流长的八步洪拳拳术"。

箬溪书院核心文化基因评价依据

评价项目	评价因子	评价依据（特点）	是否
生命力评价	文化基因存续的时间	自出现起延续至今，未曾明显中断	
		自出现起延续至今，但多次衰微、中断后复兴	
		曾明显衰败，改革开放后开始复兴或历史溯源关键环节缺失，难以考证	
		文化形态主体已灭失，现存部分痕迹	√
	文化基因的稳定性	在发展过程中保持相当稳定的状态	√
		在发展过程中存在明显的精神内涵、表现形式剧变	
凝聚力评价	文化基因的凝聚力及社会动员效果	曾广泛凝聚起区域群体的力量，显著推动过社会经济文化的发展	√
		曾部分凝聚起区域群体力量，对社会经济文化的发展产生过影响	
		凝聚过力量，创造过实际的发展动能，但未见对社会经济文化发展产生显著改变	
		仅在历史文献或口耳相传中存在，未见实际介入社会经济发展	

续表

评价项目	评价因子	评价依据（特点）	是否
影响力评价	辐射的范围	具有全国性、世界性的影响力	
		具有长三角区域、浙江省影响力	√
		具有市县、乡镇影响力	
	提炼的高度	已经被古代文人士大夫和当代学者提炼为精神符号和理念理论	√
		单纯的样式、造型、工艺技术规范	
发展力评价	与当代精神追求和价值观念的契合	传统文化基因得到创造性转化、创新性发展；区域革命文化基因被完整继承、广泛弘扬；区域社会主义先进文化基因成为与浙江"三个地"相适应的文化高地	√
		部分转化、部分弘扬、部分发展	
		难以转化、难以弘扬、难以发展	

说明：基因特点评价是对解码出来的基因，根据本《导则》表2的要求，围绕"四个力"逐一对表打"√"，进行定性表述

（一）生命力评价

箬溪书院，道光七年（1827）由郑锦声、魏文瀛、梅佳模、王延宝等集资创建。书院建成后，推动了云和文教事业。辛亥革命时期，辛亥革命先行者魏兰在此创立先志学堂作为革命据点，成为了浙江第一所联络会党和培养革命骨干的学校。学员们在攻克上海、光复浙江的数次战役中立下了赫赫战功。同时，魏兰聘请清末著名拳师李春贤为体育教员，培养造就了一批革命志士，并使八步洪拳在云和县得到广泛流传，经久不衰。虽然书院旧址已成残垣断壁，但其悠久的历史以及承载的革命精神长久流传。因此，其核心基因中，"历史悠久的书院旧址"主体已经灭失，但是"矢志不渝、舍身为国的家国情怀""源远流长的八步洪拳拳术"始终流传了下来。

（二）凝聚力评价

魏兰在箬溪书院创办先志学堂，陶成章担任教习，邀请留日同学革命志士陈华教习日语，集处属各会党领袖和革命志士吕逢椎、赵舒、阙玉琪、丁嵘、徐杰、叶仰高等于云和，本县精英如饶翼、诸葛鸿、王希文、张子欣以及魏兰自己的子侄，亲友魏仲鳞、魏毓祥、魏毓番、魏绍鹤和张联三、张向辰、叶维芬、叶维榕等都集中在先志学堂里，既是师生，又是同志。当时处州十县尚无中等学堂，各地有志青年纷纷来云和就读。后来，这些革命志士和青年学生大都跟随魏兰东渡留日，为革命培养了一大批骨干人才。八步洪拳为加速清王朝的灭亡做出了巨大的贡献，且在云和县得到广泛流传，经久不衰。因此，箬溪书院是爱国志士的重要据点以及处州八步洪拳的起源之处，其核心基因"历史悠久的书院旧址""矢志不渝、舍身为国的家国情怀""源远流长的八步洪拳拳术"曾广泛凝聚起区域群体的力量，显著推动过社会经济文化的发展。

（三）影响力评价

箬溪书院的先志学堂是浙江第一所联络会党和培养革命骨干的学校，辛亥年间，各条战线上都活跃着先志学堂学员的身影，他们在攻克上海、光复浙江的数次战役中立下了赫赫战功。

同时，魏兰的先志学堂，倡导"习武修德，以武强族"，传授八步洪拳，培养造就了一批革命志士，为加速清王朝的灭亡，做出了巨大的贡献。至今八步洪拳在云和县得到广泛流传，经久不衰。因此，箬溪书院在历史上影响巨大，尤其在浙江推翻封建王朝的革命事业中发挥了重要作用。作为其核心基因，"历史悠久的书院旧址""矢志不渝、舍身为国的家国情怀""源远流长的八步洪拳拳术"具有长三角区域、浙江省影响力。

（四）发展力评价

箬溪书院虽湮为残垣断壁，但载满了沧桑悠远的故事和仁人志士的革命情怀，修复、重建古建筑，重新讲述革命志士的英雄事迹，具有重要意义。同时，兴起于箬溪书院的八步洪拳蕴含哲理性、技击性、健身性、娱乐性以及提倡的"习武修德，以武强族"的先进理念，深深地寓于文化之中，更突出表现了人们的价值观及民族情感，更体现了中华民族武术和谐的精髓所在，和箬溪书院共同承载着深厚的文化内涵，也使培养辛亥革命志士的先志学堂精神，得到传承并发扬光大。

三、核心基因保存

"历史悠久的书院旧址""矢志不渝、舍身为国的家国情怀""源远流长的八步洪拳拳术"为箬溪书院的核心基因,《辛亥革命志士的摇篮,云和武术的星星之火——箬溪书院》等资料保存于云和县文化基因解码调查组资料库,实物遗存箬溪书院旧址位于云和县解放街。

四、核心文化基因转化利用

（一）转化利用思路

创新载体，转化利用"历史悠久的书院旧址""矢志不渝、舍身为国的家国情怀""源远流长的八步洪拳拳术"核心文化基因效应，打造具有观赏功能的文旅实景、文旅艺术产品及各类文旅产品的点缀装饰等。

（二）文旅产品策划

箸溪书院基因转化利用项目库

序号	载体类型	项目类型	项目名称	转化利用途径	项目性质
1	建设项目	文旅产品	重建箸溪书院	彰显"历史悠久的书院旧址""矢志不渝、舍身为国的家国情怀"元素	重点
2	品牌打造	展厅展馆	箸溪书院遗址雕塑牌		一般
3		科普宣传	编写箸溪书院相关书籍		一般
4		网络宣传	新媒体账号建立和更新频率		重点
5		媒体宣传	公号主推、多媒介并推		一般
6		影视创作	《箸溪书院》纪录片		重点

续表

序号	载体类型	项目类型	项目名称	转化利用途径	项目性质
7	体验项目	短视频	《箬溪书院》系列短视频	通过体验项目的设计，感受箬溪书院的核心基因，扩大宣传影响力	一般
8		文化融合	《箬溪书院》史料展		重点
9	休闲购物	纪念品	箬溪书院相关系列纪念品	通过旅游项目的设计，了解箬溪书院的核心基因	一般
10		伴手礼	以箬溪书院元素为主题的文创小挂件、小摆件		一般
11		明信片	箬溪书院系列明信片		一般
12	配套设施	交通工具	箬溪书院主题宣传巴士		一般
13		文化墙	箬溪书院主题文化墙		一般
14		景观雕塑	箬溪书院相关元素城市雕塑		重点

云和银矿遗址

瓯江源头　云和文化基因一

云和银矿遗址

云和银矿遗址位于云和县崇头、赤石等乡镇山区。浙南地区的银矿开采是明代政治、经济史上的大事，对矿区所在地的云和县而言更是如此。明景泰三年（1452），镇守浙江的兵部侍郎孙元贞以浙南各县"幅员辽阔，边远山区，政府鞭长莫及"为由，奏请朝廷"析丽水县西隅浮云、元和二乡设云和县"，其初衷就是为了管理矿务及防范频繁的矿工起事。

明代云和县银矿开采历史长、规模大、影响深远，县境内与银矿相关遗址、史迹分布广泛，类型齐备。有崇头镇黄家畲银坑洞遗址，管理机构"银官局"遗址，赤石乡麻垟村大棚基冶炼遗址，崇头镇回龙山反映矿工生活的摩崖题记，崇头镇林山村林岱自然村的明代矿头杨广三墓，龙岩寨、寨岩背矿工起事的山寨遗址等。

当年，黄家畲村是浙西南银矿主要开采地之一。黄家畲银矿洞群遍布于崇头镇黄家畲村对门山，是采矿区留下的遗迹。矿洞大大小小约16处左右，洞口形状不一，有斜穴式、平穴式、复合式三种类型：斜穴式银坑洞洞口较小，仅容一人出入，坑口斜直而下，深约2米处又斜向而去。该式坑洞，难以深入，洞内情形不详。平穴式银坑洞洞口有多个出口，彼此相连。洞口低矮，仅容一人匍匐进入，入洞后始可站立，但极狭窄，勉强可由两人侧身交会。继续前行，则豁然开朗，犹如广厦。但见洞中有洞，曲折枝蔓。洞内有积水，时有地下水滴落。复合式银坑洞即斜穴式、平穴式的复合形式，多数银坑洞采取该形式。

银官局是"管坑内臣治事之所"，即矿使（由朝廷派出的太监充任）征办银矿税的机构，又称"太监局"。银官局设立后，管理机构征募矿头、矿工开展生产，每年向朝廷缴纳额定的银数。明代，云和境内共设银官局两处，黄家畲即其一。1988年，在黄家畲村内一个当地叫作"局下"的地方，出土了天顺二年（1458）银官局所立的"百无禁忌碑"，从而确定其地即明代银官局遗址。该碑现安放在崇头镇黄家畲村石桥头。

黄家畲村冶炼遗址，在1988年建设变电所时遭到破坏。遗址内曾出土大量红烧土、炉渣，及石磨、石臼等工具。遗址面积约有三千多平方米，现在仍能采集到少量炉渣、明代瓷片等遗物。遗址边缘有一条长约348米、宽约1.5米的引水渠，至今犹存。

麻垟村大棚基冶炼遗址位于麻垟村西面大棚基山的一块小平地，当地人称为"大棚基"，面积约200平方米。平地的南面有一条小溪流，平地的边缘部分砌有残垣。平地一带炉渣分布较广，堆积平均厚度约1.5米，堆积层还有大量的红烧土。

杨广三墓坐落在崇头镇林岱村村头，据崇头镇回龙山村清光绪六年《杨氏族谱》记载，杨广三为明嘉靖年间的矿头，也是当地相传的"银王"。杨广三的故事就发生在这样的历史背景下。相传，大约在明朝，田坑村（回龙山村原名）周围各地采银采得十分热闹，可是人们放在炉中炼东西却分不出金、银、铜、铁、锡。

当时有个炼银师傅，做了一个梦，梦见有一个白发苍苍的老人告诉他："要分出这些金、银、铜、铁、锡，问一个头戴铁帽，用鲤鱼绕房柱的人。"

第二天，这个炼银师傅正在草湖村窑洞炼银，中午时分忽然下起大雨，有一个双手举只铁锅放在头上遮雨的人跑进来避雨。进来后，他把手里提的一串鱼挂在柱子上。炼银师傅忽然想到昨晚梦中情景，即刻上去问这人金、银、铜、铁、锡怎么分。这个人走到炼银炉旁，手一指口中说：这是金，这是银，这是铜……就分出了金、银、铜、铁、锡。从此这个人就出了名，他就是田坑村杨家第一传基太公，那天他是刚从下垟迁回田坑，到沙湾买铁锅的。

据说，当时中国只有他一个人能分出金、银、铜、铁、锡五样矿石。自那以后名声越来越大。传到皇帝耳朵里，皇帝就封他当"聚宝王"。当时的朝廷又十分需要金银，皇帝就叫广公采炼。广公炼好银送上京去，可是在路上被人抢劫了。待最后一次送到朝上，皇帝问："你家乡还有多少银没采来？"广公银王体察到采银的辛苦，就顺口说："家乡的银已采完了。"皇帝当然不信，广公银王就在皇帝面前发誓："我若欺君，踏入杨家的地界就会死。"皇帝便不再过问。为了广公银王还能为朝廷送银，皇帝拿出一件自己的龙袍给银王穿回去。据说穿着这样的龙袍，即使发了毒誓也不会死了。

广公穿着龙袍回来，经过垄铺时，爬上岭头，身上热起来，就脱掉了龙袍，到上寮、林山村时突然感到头越来越痛。当他走到林岱岙，刚走到杨家地界，什么话也不会说了，就倒毙在地上。后来皇帝知道银王死了，还专门派人送来银两，在林岱岙建造了广公的坟墓。墓坐东朝西，占地面积70多平方米，墓园有多级台地，封土前设有拜坛。原墓前立石碑，现已毁。墓前原四根石柱，现存两根，置抱鼓石饰垂带，具有典型当地明代墓葬特征。

回龙山矿工摩崖题记位于崇头镇回龙山村南边，小山名叫白马山。其附近分布有许多银坑废洞，当地人称为"银坑洞香火榜"。摩崖所在的石壁高度为4米，长9.5米。石壁上的文字分为3个组群。这些摩崖题记，内容朴实，书法粗劣，且常见俗体字或别字，应当出于矿工之手。"张八相公公位""招财子"为矿工供奉祭祀的神祇，真实反映了矿工的信仰。"正德元年""嘉靖十六年七月"字样，既标示了回龙山摩崖石刻的凿刻年代，也为当地的银矿遗址提供了断代依据。

龙岩寨山寨遗址，位于石塘镇续莫圩村龙岩寨山顶，山因寨而名，海拔440米，平地面积约400平方米。西、南面临江，为悬崖；东、北面各有一条陡峭的山道。遗址内采集到擂石、瓦砾等遗物。寨岩背寨址，位于石塘镇寨下村寨岩背山顶，山因寨而名，海拔660米，平地面积约800平方米。寨门位于山顶东面，现被开采叶腊石矿破坏。山顶的南北两边缘筑有残垣，山顶南面有一条山道，东面通往寨下村。

如今，在矿洞洞口，人们可以看到非常狭小的入口。当时开挖的时候全部是人工劳动，为了节省劳动力，根据矿脉的宽窄，宽的洞口大，窄的洞口小。置身其中，依然能感受到当年银矿发展如日中天般的繁忙。云和银矿的开采冶炼从景泰年间起延续了一百多年，银矿不仅给云和带来了繁华与荣耀，更印证了云和银矿文化的发展与蓬勃。

2011年1月，"云和银矿遗址"被浙江省人民政府公布为第六批省级文物保护单位，2013年3月被国务院公布为第七批全国重点文物保护单位。

一、要素分解

（一）物质要素

1. 数量丰富的银矿

云和县银矿开采鼎盛时期，仅田坑、黄家畲两地就有大小银坑三十六处、九九八十一洞，黄家畲吸引了近万名矿工在此居住生活，附近就有九个村一千多人从事选矿炼银。

2. 交通便利的矿石搬运古道

矿洞是采矿区所在，通常位于崇山峻岭，而冶炼区通常位于附近的山脚。两点之间，必须有道路连接。在规模较小的矿

区，通常只是简易的山路。黄家畲矿石搬运古道自冶炼区至采矿区有两条，起点（冶炼区）海拔963米，终点（采矿区）海拔1139米，落差176米，说明云和矿区规模之大。

3. 物产丰盛、人口密集的村落

清代窦绂《银冶铁冶论》："云以前土广人稀，田多荒芜，谷贱伤农，粮多逋欠，货物不至，县无列肆，商贾不集，途无旅店。自坑冶盛，人亦日众，由是垦辟众而田土辟矣，食指繁而米谷有价矣，列肆鹜物，而旅店有商贾矣。"银冶的兴盛，是云和县人口迁移、集镇村落发展的重要因素，而村落发展也加快了采矿进程。

4. 规范的征矿机构

明代云和境内共设银官局两处：一处在石富（今石浦），一处在黄家畲。银官局是"管坑内臣治事之所"，即矿使（多由朝廷派出的太监充任）征办银矿税的机构，又称"太监局"。银官局的设置，表明黄家畲的银矿开采曾经有较大的规模。

5. 广为人传的诗句

清代黄家畲银冶已成历史，但存留的银坑洞及当年的采矿故事，为当地人熟知。银坑洞作为当地"八景""四景"之一，文人多有吟咏，清周蓉生《丰源八景》之八《西岭银矿》诗："石中韫玉石非顽，谁料银矿又产山。目睹西巅遗矿迹，慨伤明季扰此间。"清周锡璜《丰源四景》之三《银坑》云："明季筹边计甚迂，纷纷矿使遍山隅。陶镕欲博金三品，曾有青葱挺秀无。"诗题中的"丰源"即黄家畲丰源山。

（二）精神要素

1. 不畏强暴、奋起反抗的民众意志

钦差内官在云和设立银官局，横征暴敛，骚扰地方，民不聊生。《云和县志》载"明代矿税盛行，天顺间，中使四出，地方骚动。知县刘洁以无术自经"。沉重的矿税负担，使矿民"聚而为盗"，云和知县刘洁"恐生激变"，至于自缢。天顺年间，内官到来，云和的社会矛盾激化，所以百姓以"百无禁忌"祈福，建立了"百无禁忌碑"，这是百姓在强权统治下的反抗，是不畏强暴、奋起反抗的民众意志的体现。碑文所谓"普庵菩萨在此百无禁忌"，例同于民间常见的"姜太公在此百无禁忌"，《普庵咒》中亦有"普庵到此百无禁忌"语，大概是一种法术咒语。

2. 爱憎分明的价值观

杨广三传说虽然从生活而来，但在其人物形象设计和为矿工造福而牺牲等方面，通过鲜明传奇性特征来加以表现。如杨广三高超的炼银技艺，为矿工谋福祉而身亡的故事等，都有着非同一般的传奇性，它是民众丰富的想象和智慧的结晶。传说是一种文化，表达着人们对于传说人物、事件和事物鲜明的爱憎是非观念和道德价值观念，杨广三传说也不例外，正是这一特点，使杨广三传说的主体价值表现出与其他传说的差异。杨广公为了矿工的太平日子，不惜发毒誓，非常鲜明地突出了他的道德品质，这也正是民众至今爱戴他的原因。

（三）制度要素

合理有序的采矿制度。黄家畲村上弯山银坑洞群，距离冶炼区约1.5里，现有矿洞16处。矿洞规模大小不一，大者洞口高2.5米、宽1.5米，小者洞口仅容一人出入。多数洞中有洞，深浅不一。有些洞口开在岩石缝中，仅容一人出入，洞内宽窄、高矮不一，某些地段似需匍匐前行。洞内曲折枝蔓、四通八达、深不可测。洞口有一些废弃的矿石，表明分选矿石的工作曾就地进行，无用之物在出洞之初即已抛弃，以减轻搬运的工作量。洞口有一条通往坑洞的小路，矿工可循此出入。

二、核心基因提取与评价

基于对材料的全面、深入分析，本文化元素的核心基因可表述为："不畏强暴、奋起反抗的民众意志""爱憎分明的价值观""合理有序的采矿制度"。

云和银矿遗址核心文化基因评价依据

评价项目	评价因子	评价依据（特点）	是否
生命力评价	文化基因存续的时间	自出现起延续至今，未曾明显中断	√
		自出现起延续至今，但多次衰微、中断后复兴	
		曾明显衰败，改革开放后开始复兴或历史溯源关键环节缺失，难以考证	
		文化形态主体已灭失，现存部分痕迹	
	文化基因的稳定性	在发展过程中保持相当稳定的状态	√
		在发展过程中存在明显的精神内涵、表现形式剧变	
凝聚力评价	文化基因的凝聚力及社会动员效果	曾广泛凝聚起区域群体的力量，显著推动过社会经济文化的发展	
		曾部分凝聚起区域群体力量，对社会经济文化的发展产生过影响	√
		凝聚过力量，创造过实际的发展动能，但未见对社会经济文化发展产生显著改变	
		仅在历史文献或口耳相传中存在，未见实际介入社会经济发展	

续表

评价项目	评价因子	评价依据（特点）	是否
影响力评价	辐射的范围	具有全国性、世界性的影响力	
		具有长三角区域、浙江省影响力	√
		具有市县、乡镇影响力	
	提炼的高度	已经被古代文人士大夫和当代学者提炼为精神符号和理念理论	√
		单纯的样式、造型、工艺技术规范	
发展力评价	与当代精神追求和价值观念的契合	传统文化基因得到创造性转化、创新性发展；区域革命文化基因被完整继承、广泛弘扬；区域社会主义先进文化基因成为与浙江"三个地"相适应的文化高地	√
		部分转化、部分弘扬、部分发展	
		难以转化、难以弘扬、难以发展	

说明：基因特点评价是对解码出来的基因，根据本《导则》表2的要求，围绕"四个力"逐一对表打"√"，进行定性表述

（一）生命力评价

"不畏强暴、奋起反抗的民众意志""爱憎分明的价值观""合理有序的采矿制度"三大核心基因自形成以来延续至今，未曾明显中断，在发展过程中保持相当稳定的状态。

明代从事开矿的矿主、矿工通常都来自民间，这些群体是矿冶史的主人。矿主及矿工的生产、生活，本身也是矿业的有机组成部分。杨广三是本地明代后期著名矿头，杨广公传说以及当地留下的一系列历史文物史迹，都为当地的银矿开采提供了断代依据，具有重要历史认识价值。同时，明代银矿开采影响深远，当年的矿业从事者，有许多定居于此，子孙繁衍，如杨广三墓今天仍然为族人岁祀不废，回龙山摩崖石刻的"香火榜"，仍被当地人视为神灵，所以这些口耳相传的传说故事也

具有相当长远的生命力。

（二）凝聚力评价

影响深远而长期活在民众之中的民间传说都具有悠久的历史性特征，它一经出现就深受民众的喜爱，而它的传承也基于民众对这类传说价值认同上的统一。杨广三传说从明代以来一直被民众口耳相传，使云和银冶的历史一直为人们所记忆，他的形象也一直活在百姓的心中。杨广公为了百姓的安宁，牺牲自己的故事一直为当地百姓称道。如今，杨氏族人每年清明都到广公墓上祭祀追念，表达了对他的尊重与怀念，也加强了族人之间的凝聚力。

（三）影响力评价

云和明代矿冶文物史迹，包括杨广公墓等都分布在人迹罕至的高山地区，山清水秀、环境优美。早在清代，黄家畲银坑洞群就被作为当地"八景""四景"之一，文人多有吟咏。近年来，当地原生态的自然、人文环境越来越吸引都市里的人们，慕名而来的旅客络绎不绝。所谓"山不在高，有仙则名"，自然景观必须有深厚的人文历史内涵作支撑，才有恒久的生命力、影响力。在这个意义上说，具有深刻历史文化内涵的矿冶文物史迹，又具有文化景观的性质、内涵与价值。

（四）发展力评价

深厚历史和人文内涵的杨广公传说，反映了云和县建县前后的一段历史，是云和银矿历史的重要组成部分，也是明代政治、经济、历史及银冶考证的一个佐证，具有重要的学术研究价值。同时，云和的传说是族人尊祖扬善的情感寄托，也是考证云和人口迁徙、集镇村落形成发展的重要佐证。银矿文化除具有学术研究价值外，像杨广公墓、明代银矿洞群、冶炼遗址、百无禁忌碑、回龙山矿工摩崖题记等文物史迹以及口耳相传的传说故事，也是云和县珍贵的文化遗产，保护这一文化资源对于丰富云和县的历史文化内涵具有重要的意义，是当地经济、社会以及旅游产业发展的重要支撑。

三、核心基因保存

"不畏强暴、奋起反抗的民众意志""爱憎分明的价值观""合理有序的采矿制度"为云和银矿遗址的核心基因,《浙江省云和县乡村旅游发展研究》《云和黄家畲》《杨广三传说》《云和银矿》等文字资料6份,保存于云和县文化基因解码调查组资料库。另外,出版物和古文古籍有《云和县志》《明代云和银矿开采的前前后后》《云麓漫钞》。实物材料云和银矿位于云和县崇头镇、赤石镇。

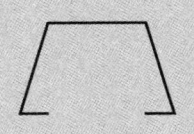

云和板龙舞

瓯江源头 云和文化基因

云和板龙舞

"赤龙出海登云衢,千颗万颗光明珠。前溪后溪银海眩,水底真龙犹模糊。千金春宵不用习,不夜之天群欢愉",清人柳翔凤所作《龙灯歌》中描述了当时云和城的舞龙盛况。

相传元泰定元年(1324),下街姑娘柳氏因吞食龙卵而仙化成"龙母仙娘",并产下一龙子。当时云和城火神猖獗,灾难频繁,人们便根据传说中龙的形象制成板龙,在元宵节前后(十三至十五日)迎龙灯,借此请回"龙母"降服火神,恩赐世人,同时祈求风调雨顺、国泰民安。《云和县志》云"十三日上灯夜，六坊居民截竹为龙，周巡城隅，云可压火患"，后这一习俗逐渐沿袭开来，元宵节舞龙灯、观龙灯成为当地民众最隆重的民俗盛事之一。

云和板龙制作工序考究，表现手法丰富，不但讲究龙形，更强调龙之精气。同时，板龙糅合了书法、绘画、剪纸、刻花等民间艺术和扎制编糊工艺，"龙体"纹饰精细又不乏质朴粗犷之感。板龙整体造型线条流畅锐利，体现了南方龙灯的华美与庄重，彰显了质朴与灵动的完美统一。

至今，云和迎龙表演已形成一套完整的迎龙习俗。每年正月十三，云和开始出龙，每条龙必须到位于下街的"龙母行宫"祭拜龙母，借此请回龙母真身，再回到各自的"栏街殿"焚香祭祀，最后方可出迎。次日，当地在"县衙门"进行表演，届时各村的板龙都会到县衙门的广场上进行表演，以感谢父母官给予一方百姓的恩泽。迎龙活动在正月十五日晚子时结束，民间称"落灯"。这时人们将板龙放置河边烧毁，俗称"龙上天"，以祈求来年龙母庇佑一方平安。

板龙巡街表演时，由龙珠、牌灯、闹街队组成的仪仗队领头开道。龙珠为龙之神旨所在，板龙或静或动，节奏或急或慢，包括各类表演阵法的更迭交替，一切变化皆由龙珠指挥。牌灯紧跟龙珠之后，显示了行龙的威严。板龙行进时，牌灯在前面开道，板龙静卧时则分列其左右两侧。牌灯制成方形，四个灯面表示一年的四个季节，上面不但写有龙队的名称还画有代表时令的荷、菊、梅等图案及"风调雨顺""国泰民安"等表达愿望的字眼。闹街队紧随板龙左右，由大鼓、锣、镲、唢呐等组成，舞龙时变化演奏各类民间曲调，有"十番""十样锦""将军令""御花花"等。前有龙珠和牌灯开道，闹街队紧随左右，舞龙人统一头戴英雄巾，腰束英雄带，威风凛凛，浩浩荡荡地向前行进。随着铿锵的锣鼓、激情的唢呐，精彩的舞龙表演随之展开，数十人密切配合，协作完成"卧龙""盘龙""送龙""抽龙""生龙儿"等系列表演。其中最精彩的阵法是"龙尾抽"，即板龙行进过程中，龙尾突然反其道而行之，疾风倒退，牵制着六名抬龙头的彪形大汉，既要保护龙头不偏不倚，又要步伐一致，不慌不乱，为舞龙表演增添紧张而欢乐的气氛。盘龙也叫"生龙儿"，是云和板龙最常见的阵法，由龙头领先从左向内一圈圈盘转，到了中心，龙头又反向由右向外盘转，龙头平稳前行犹如水上游龙，十分壮观。

根据退休教师韦定南口述，云和板龙的最初设计和制作者为云和镇灯笼制作匠李瑞南。当时云和火灾频发，需扎制龙来"行水制火"。李瑞南根据传说和想象，用条状木板制成"龙骨"，用扎制龙灯的竹篾扎制龙头、龙肚、龙尾，糊以绵纸，并彩绘龙鳞、云钩图案，并在其中点燃红烛，宛若真龙再现。至此，云和出现了第一条"龙"，称作街头龙。之后的溪口龙、局村龙也由李家及他的传人扎制。由于李的儿子不愿学这门技艺，李便将手艺传给了他的外甥高兴仁，之后由高兴仁一家负责街头龙的制作，报酬为得到1.2亩龙头田的租用权。此外，云和镇还有司前龙、中街龙、县前龙、下街龙、前巷龙，分别组成"龙灯会"。各龙虽基本工艺相同，却也各有特色。

迎龙、舞龙的习俗一直延续到新中国成立初期的一二年后停止。至1979年，迎龙、舞龙的习俗再次兴起，由于高兴仁的儿子高德雨早逝，89岁高龄的高兴仁将扎制手艺传授给孙子高永田及张启天、陈启平，绘制手艺由当时已有绘画功底的韦定南老师继承。

随着社会的发展，人们欣赏水平的提高，云和板龙在继承传统的基础上锐意创新，在传统制作中融入现代科技手段，以红黄两色绸缎代替传统的绵纸浆糊，以锦缎缝制的灵动龙鳞代替手绘图案，以电珠亮光取代蜡烛之光，并设置了祥龙吐雾等特效，赋予了云和板龙以新的内涵和艺术生命。

2005年11月16日，在中国·丽水国际摄影文化节的"龙狮大会"上，代表云和县参赛的连绵208节、全长达400米的巨型云和板龙，以其庞大的气势、威武的神韵，从25支龙狮队伍中脱颖而出，荣膺"处州第一龙"称号。"处州第一龙"集云和各龙所长，以街头龙为基础，融入现代科技手段设计创作完成。

云和板龙舞保留了中国，尤其是浙西南一带民众龙图腾信仰的遗风。随着时代的发展，又超越了单纯的祈福信仰范畴，被赋予更多的时代精神，体现了中华民族特有的文化传统、道德观念，突现了中国巨龙气吞山河的民族性格与精神，具有不可替代的民俗研究价值和民间艺术传承功能。

一、要素分解

（一）物质要素

样式繁多，制作精良的板龙道具。云和板龙舞道具包括板龙龙体、舞龙人的服饰、仪仗队的牌灯、舞龙的龙珠等。云和板龙"龙骨"以条状木板制作，所以称为板龙。板龙每板长约1.8米，每条龙有长有短，短的二三十节，长的有208节，近400米。龙头、龙肚、龙尾均用竹篾扎成，糊以绵纸，彩绘龙纹，其中点燃红烛。抬龙的壮汉统一头戴英雄巾，腰束英雄带，缠足绕，蹬草鞋，威武矫健，仪仗工整。牌灯是龙的主要仪仗队，牌灯的灯笼制作成方形，四个灯面表示一年的四个季节，并画上代表时令的荷、菊、梅等图案及"风调雨顺、国泰民安"等寄托百姓美好愿望的字眼，寓意深刻，借以祈福。龙珠为龙之神旨所在，紧跟牌灯之后指挥板龙的行动。龙珠是用竹篾扎制成的直径30厘米的圆球，外用透明的红纱布包好，并饰以金丝盘绕，内置灯泡，再用一根竹杆顶起。

（二）精神要素

1. 深厚的礼学思想和宗法制内涵

云和板龙舞深受儒教强调宗法制和重礼学的思想影响。云和板龙舞少在佛、道等宗教仪式中进行，也未在农作物丰收时节和祭龙求雨仪式中表演，而多在宗族祭祖或全民同乐的元宵节展开。

同时，云和板龙舞体现了严格的宗族意识，比如全村每户派一男丁执掌一节龙身，连成同姓村一条几十甚至几百节的长龙，展现了一派人丁兴旺、辉煌荣耀的场面。可谓"一丁一凳一小龙，一村一姓一长龙"。云和板龙舞还蕴含着儒家"长幼尊卑"的孝悌观念。舞龙前，需要在族长或族老的主持下，在宗祠或社屋举行祭祀仪式，祭天地、祭社公、祭祖宗，以表对天地、社公的敬畏和尊重，培养族众对祖先的孝心。祭祀仪式后，再在村中按辈分大小顺序入户游舞。

在舞龙仪式和龙舞扎制工艺中，中庸和谐的儒教思想无处不在。大型的龙头龙尾的扎制多由村中的族长头人请专业能手集体完成，每节龙身及灯彩的装饰按统一规格，由每户每丁负责，有条不紊、秩序井然。从龙灯造型看，有酒坛灯、花篮灯、亭台楼阁灯、冬瓜灯、人物灯、方形灯、花瓶灯等，从装饰图案看，有梅花、荷花、牡丹花、兰花、竹子窗格等纹样。此类装饰表达了民众祈求平安吉祥的愿望，也是体现人们对"雅俗共赏、天人合一"的追求。

2. 源远流长的龙图腾信仰

中国古代神话传说一般认为"龙"是开天辟地的创生神，与盘古齐名，积极参与伏羲与女娲的婚配，故而炎黄儿女皆领受龙的福祉庇佑。为此，华夏龙文化便承载着"团结和谐、生生不息、吉祥如意、和睦久远、风调雨顺、丰收愉悦、幸运喜庆"的生命内涵。比如说，华夏先民历代传唱的《盘古歌》云："盘古龙，盘古龙，尸身变成万座峰。血流成河汇成海，毛发长成千亩林。双眼睛，亮晶晶，飞向天空照万民。"俗谚："盘古氏头为东岳，腹为中岳，左臂为南岳，右臂为北岳。"云和板龙舞与佛、道等宗教无关，而具有严格的宗族意识和儒家的孝悌观念，这体现了龙图腾崇拜和社群繁衍生息、家族伦理的密切联系。

（三）制度要素

群体性、自发性的参与方式。每年一到农历十二月二十，云和地区的村民便开始扎糊板龙，直到正月初三才完成整条板龙的制作。村中主要的扎制艺人负责扎糊龙头、龙尾，而龙身则由每家每户自制，一户一节。板龙可长达200多米，龙身插着各式各样剪纸和鲜花，人们用各色彩纸剪出各种造型的图案，然后粘贴在已编扎好的龙身上。正月十三、十四、十五这三天，各家各户将板龙组装好，晚上开始出灯表演。板龙出灯前，要先到村口的龙母庙举行相关的请神仪式，之后板龙才能出灯表演。沙铺板龙龙头威武庞大，要4个年轻力壮的小伙抬着，龙身每节一人，而龙尾最费力，需要几个健壮小伙给把着。板龙在临近各村进行表演，村民们虔诚地进行各类请灯仪式，有请送财灯的，有请送子灯的。

同时，板龙这种自发性、自娱性的民间民俗活动没有固定的师承关系。以前多以村落、氏族、行帮为单位组织舞龙队，现在除了以村镇为单位外，还有民间团体自发组织的表演队伍。云和板龙的代表性传承人有创始人李瑞南（清乾隆年间）；第二代高兴仁；第三代高德雨夫妇；第四代高永田、张启火、韦定南（板龙绘画）。

（四）语言和象征符号

1. 动静结合

层次丰富的舞蹈动作。云和板龙舞的舞蹈动作都是以动静为基础的，分为"动态"和"静态"两类。"动态"是舞蹈动作"运动变化"的姿态，是动作呈现的走势状态，"静态"则是舞蹈动作静止的姿态。同时，任何舞蹈的形式都存在于既定的空间中，即"内空间"和"外空间"。内空间更多的是指舞者本身肢体之间的关系，外空间指的是身体或舞蹈构图与其所处空间发生的关系。将板龙舞置于不同的空间，关注的角度发生了改变，也必将产生不同的舞蹈形态效果。

板龙在舞动过程中，以内空间观之，舞龙人多呈现"握、抓、扛、举、拖、拽、走、跑"八个动作，这八个典型动作元素主要表现在"舞龙人与道具的关系"和"步态特征"两方面。舞龙人与道具的关系，以"握、抓、扛、举、拖、拽"动作元素为主。在舞蹈变化过程中，其步态特征则以"走、跑"两个动作元素为主。出灯踏村时，龙头和上百桥龙段（龙身）与龙尾相连，行进在集镇主要道路上，此时动作速度较缓，步态特征以"走"为主；

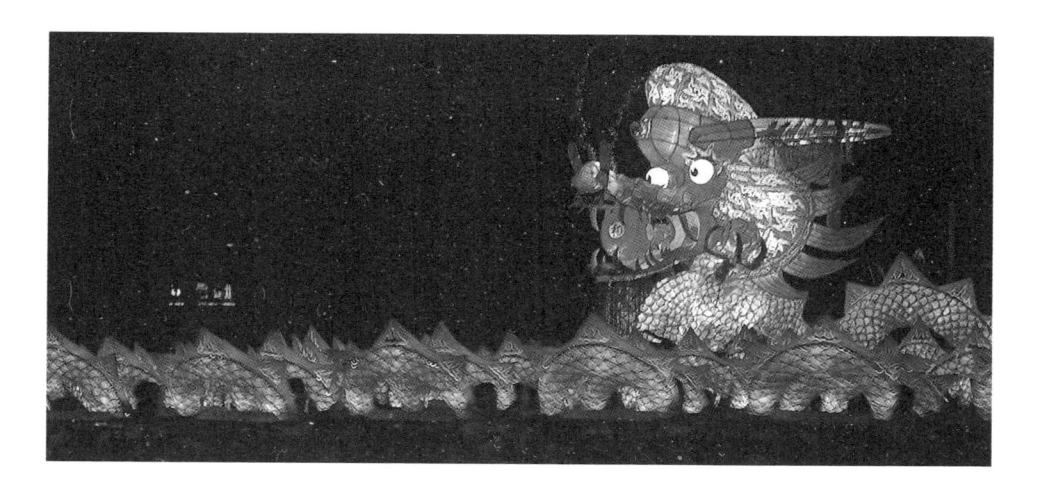

当进入闹元宵阶段,即龙灯胜会最精彩核心的板龙舞表演时,舞龙者往往多呈现"跑"的步态特征,跑的速度快慢则随龙头引领速度的变化而变化。不难看出,"握、抓、扛、举、拖、拽"动作的变换与步态"走、跑"动作的变化、起伏幅度的大小,以及步态速度的改变有着直接的关系。以外空间观之,整条板龙更多地呈现出的是一种"游动"状态,并在不断的游动中形成多种气势雄伟的舞蹈阵势。

静态的板龙舞形态,以外空间观之,是舞龙路线流动和变化中暂时的停顿,虽然板龙舞动过程中静态姿态相对较少,但却是其中非常重要的一个环节,赋予了图腾崇拜的神圣色彩。在舞动过程中,当龙头与龙尾首尾相衔时,将龙头面朝这个场地的庙正门或山神方向,整个龙体放置到场地上,龙面如佛,姿态雍容华贵、昂首挺立,相对静止。而以内空间视角观之,舞龙者面向"龙头菩萨"不断施以细碎微小的拱手膜拜动作,观众也跟着施礼,竭尽庄严虔诚。因此,板龙舞既有从整龙呈现的恢弘气势,又有龙体局部、舞龙人个体动作的微妙,动静结合,层次丰富。

2. 以线性律动和圆形空间为轨迹的动态美感

从舞蹈阵势中不难发现,云和板龙舞都是以"线"和"圆"的形态在游动,这与古典舞注重的"圆"的空间美和"游"的律动美正好契合。"游"作为中国古典舞的空间运动轨迹,其形

态呈现为"线"。在形体运动或空间运动中，都追求一种线性之美，是运动审美心理在传统舞蹈方面的集中体现。板龙舞蹈阵势中，如柴爿扣、反柴爿扣，都将龙的形态以及延绵不绝游动的线条美表现得淋漓尽致，构成了"线"在空间中肆意流淌、自由驰骋、延伸向远所特有的美感。

"圆"作为中国古典舞的空间运动轨迹，往往给人以饱满丰富的形式美感，在云和板龙舞的构图和动作之中，构成饱满丰富的整体艺术造型风格。云和板龙舞从动作形态、运动轨迹到场面造型，都与"圆"有着密切联系。如柴爿扣、反柴爿扣、8字阵等路线，形成了大量的圆形运动轨迹，给人以柔和、圆润、无限延伸的视觉感受，使得龙的动态生动、活泼、流畅和延伸，表现板龙由远而近、蜿蜒曲折、缓缓流动的情景。

3. 丰富的舞蹈音乐曲目

云和板龙舞舞蹈音乐由大鼓、锣、镲、唢呐等组成的闹街队演奏，舞龙时随着板龙动作的变化演奏各类民间曲调。较为经典的板龙舞曲目包括"十番""十样锦""将军令""御花花"等"闹街调"。

4. 别具一格的多段板龙舞形式

云和板龙舞采用典型的多段板凳龙艺术形式。龙首与龙尾以竹木作框架，表面糊各色彩纸，并以丰富的图案作装饰，内置灯烛数盏，龙身由几条至数百条甚至上千条不等的长板凳相接而成，每条长板凳上放置一至数盏彩灯。清代词人郭凤沼在其作品《青梅词》中对多段板龙灯有过描述："元夕三日诸神祠例放龙灯，用六尺板，穴其两头、交锁连络，首尾为龙形，中剪彩作楼阁人物，多至四五百板，杂以旗鼓，夜行以烛，列映五湖，烂若星点"。

二、核心基因提取与评价

基于对材料的全面、深入分析，本文化元素的核心基因可表述为："动静结合，层次丰富的舞蹈动作""以线性律动和圆形空间为轨迹的动态美感""源远流长的龙图腾信仰"。

云和板龙舞核心文化基因评价依据

评价项目	评价因子	评价依据（特点）	是否
生命力评价	文化基因存续的时间	自出现起延续至今，未曾明显中断	√
		自出现起延续至今，但多次衰微、中断后复兴	
		曾明显衰败，改革开放后开始复兴或历史溯源关键环节缺失，难以考证	
		文化形态主体已灭失，现存部分痕迹	
	文化基因的稳定性	在发展过程中保持相当稳定的状态	√
		在发展过程中存在明显的精神内涵、表现形式剧变	
凝聚力评价	文化基因的凝聚力及社会动员效果	曾广泛凝聚起区域群体的力量，显著推动过社会经济文化的发展	√
		曾部分凝聚起区域群体力量，对社会经济文化的发展产生过影响	
		凝聚过力量，创造过实际的发展动能，但未见对社会经济文化发展产生显著改变	
		仅在历史文献或口耳相传中存在，未见实际介入社会经济发展	

续表

评价项目	评价因子	评价依据（特点）	是否
影响力评价	辐射的范围	具有全国性、世界性的影响力	√
		具有长三角区域、浙江省影响力	
		具有市县、乡镇影响力	
	提炼的高度	已经被古代文人士大夫和当代学者提炼为精神符号和理念理论	
		单纯的样式、造型、工艺技术规范	√
发展力评价	与当代精神追求和价值观念的契合	传统文化基因得到创造性转化、创新性发展；区域革命文化基因被完整继承、广泛弘扬；区域社会主义先进文化基因成为与浙江"三个地"相适应的文化高地	
		部分转化、部分弘扬、部分发展	√
		难以转化、难以弘扬、难以发展	
说明：基因特点评价是对解码出来的基因，根据本《导则》表2的要求，围绕"四个力"逐一对表打"√"，进行定性表述			

（一）生命力评价

云和板龙舞起源于元代，以当地群体性、自发性的节日活动为媒介，以村落、氏族、行帮为单位得以传承。板龙舞舞者的肢体动作、步态，整体龙身的运动方式、盘旋游动轨迹以及多段板龙舞的艺术形式都得以保留传承。因此，在板龙舞漫长的传承过程中，"动静结合，层次丰富的舞蹈动作""以线性律动和圆形空间为轨迹的动态美感""源远流长的龙图腾信仰"自出现起延续至今，未曾明显中断，在发展过程中保持相当稳定的状态。

（二）凝聚力评价

"动静结合，层次丰富的舞蹈动作""以线性律动和圆形空间为轨迹的动态美感""源远流长的龙图腾信仰"是云和板龙舞典型特征和审美趣味的表现，是当地民俗文化的标识符号。在龙图腾信仰环境中成长的中国人，自然在内心亲近龙，并以"龙的传人"为自我身份认同。因此，当板龙舞中龙的形象出现时，对社群个体产生极强的视觉震撼和归属感，从而形成凝聚力和向心力，最终广泛凝聚起区域群体的力量，使其团结奋进，推动社会经济文化的发展。

（三）影响力评价

"动静结合，层次丰富的舞蹈动作""以线性律动和圆形空间为轨迹的动态美感""源远流长的龙图腾信仰"为精神符号和理念理论，具有全国性的影响力。

云和板龙舞虽于元代形成于云和地区，但是其根源可追溯到西晋以来的三次衣冠南渡。根据2006年后国家和省市公布的数批次非物质文化遗产名录，在浙江、江西、安徽、福建、湖南五省共有省级及以上的多段板龙非物质文化遗产21处，其中国家级的3处。各地多断板龙灯命名各异，但舞蹈动作、制作工艺、组织方式、巡游和盘旋运动轨迹具有极高的相似性。

对比我国东南五省的多段板龙灯传承地域绘成分布情况和中国历史上三次重要的北方移民南迁（永嘉南迁、安史之乱南迁、靖康南渡）东部分布情况，可发现两者极为相似。可见其历史与北方移民南迁有关，各地的多段板龙灯一脉相承，因此具有高度相似甚至相同的文化基因。因此，云和板龙舞"动静结合，层次丰富的舞蹈动作""以线性律动和圆形空间为轨迹的动态美感"亦是我国南北方舞龙文化的核心基因，具有全国性的影响力，而"源远流长的龙图腾信仰"毋庸置疑地成为中国人深刻的民族文化符号，其影响力在全球甚广。

（四）发展力评价

"动静结合，层次丰富的舞蹈动作""以线性律动和圆形空间为轨迹的动态美感""源远流长的龙图腾信仰"与当代精神追求和价值观念契合，具有创造性转化、创新性发展的潜力。"源远流长的龙图腾信仰"是华夏民族的象征，在现代社会中已得到较为完整的继承和发扬。"动静结合，层次丰富的舞蹈动作""以线性律动和圆形空间为轨迹的动态美感"作为云和板龙舞的视觉观感特征,已经被当代学者提炼至一定的理论高度,可以将此理论借鉴与应用到舞蹈、演出等其他形式中,使文化基因得到了有效的转化。

三、核心基因保存

　　"动静结合，层次丰富的舞蹈动作""以线性律动和圆形空间为轨迹的动态美感""源远流长的龙图腾信仰"为云和板龙舞的核心基因，《龙母仙娘的传说》《云和板龙舞》《舞龙》等8份文字资料保存于云和县文化基因解码调查组资料库，另外，出版物和古文古籍有《柳氏宗谱》《浮云趣俗丛谈》。实物材料云和板龙舞道具保存于云和县沙埔等村庄。

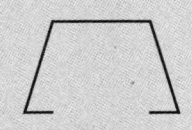

八步洪拳

瓯江源头 云和文化基因

八步洪拳

中国武术有2000多年历史，拳术是中国武术中徒手技法的总称。《诗经》中即有"无拳无勇，职为乱阶"的句子，这是古籍中最早出现的"拳"字。商周时代的拳术多被称为"手搏"。据《拳经》里说："吾国技击之学，发端于战国，昌明于唐宋，盛极于明清。"在长期的社会实践中，经过演变、发展，逐渐形成了不同风格的拳种。八步洪拳，有自创的系列套路和器械，具有独特的运动风格和特点，属于浙江传统武术中稀有的拳种之一。

19世纪末为八步洪拳始创期。清末著名拳师、辛亥革命志士、处州双龙会首领之一——李春贤，师从奇人凤阳婆和南少林寺高僧陈德标，在传承发展中巧妙地整合运用，从而独创了八步洪拳。李春贤系云和县朱村乡人，因此八步洪拳曾一度盛行于云和县及附近县市，声名远扬，威震温、处两府。

20世纪初为八步洪拳发展期。时值辛亥革命时期，李春贤与光复会首领陶成章、魏兰等革命党人一起从事革命活动，八步洪拳在这一特殊历史阶段作出了巨大贡献。魏兰在云和箬溪书院创办先志学堂，特聘李春贤为体育教员，传授武术，培养造就了一批革命志士。1926年，李春贤在云和开设拳馆带徒授艺，由于他的努力推广，此时为八步洪拳发展的第一个黄金时期，弟子遍布城乡，打下了深厚的群众基础。

战乱年代，八步洪拳不可避免地受到时局动荡的影响，一度濒危。直到20世纪70年代初，李春贤高徒吴贤福（云和镇前溪人）再度开始传授八步洪拳，八步洪拳重新流行于云和县城乡。20世纪80年代末至今，云和再度掀起习武热潮，先以民间组织为主，一批青年纷纷习武学艺，八步洪拳呈现出一个崭新的局面。2001年，云和县武术协会成立，并得到政府大力支持。八步洪拳频频参加省、市、县各类武术赛事及表演，均获得好评。2005年至2007年，在参加浙江国际传统武术比赛中，八步洪拳共取得了13块金牌、2块银牌、3块铜牌的佳绩。正是由于一代代习武人的不懈努力，使得八步洪拳进一步得到传承和发展。

一、要素分解

（一）物质要素

传统的武术器具和拳谱。器械有八步大刀、八步连环棍、枪、锏等。八步洪拳药谱一套。

（二）精神要素

1. "习武修德，以武强族"的理念

创始人李春贤一贯推行习武之人以德为先的师训，主张"习武修德，以武强族"之信念，积极投身革命，使八步洪拳充满生命力，其先进的武学思想充分体现了中华民族文化遗产所独有的精神实质。

2. 抵御外侮、振兴中华的家国情怀

八步洪拳100多年的发展史，正是中华民族抵御外侮、保家卫国的振兴史，八步洪拳因此打上了鲜明的历史印记。在辛亥革命时期，创始人李春贤便与陶成章、魏兰等革命党人办学授课，培养造就了一批革命志士，之后开设拳馆带徒授艺，推行"习武修德，以武强族"之先进理念，为中华民族之崛起作出了积极的贡献，是我国传统文化中最为宝贵的遗产之一。

3. 博采众长、大胆创新的精神

作为中华民族优秀的民间文化遗产之一，八步洪拳自李春贤始创以来有100多年的历史，在其发展传承过程中，广泛汲取了中国传统武术的文化精髓，集众家之长，自创一体，大胆创新，形成了独特的艺术特征。八步洪拳师承奇人凤阳婆和南少林寺高僧陈德标，集众家拳术之长创造而成，体系完整，风格独特，种类繁多。有拳术套路3种，其中手法48种，腿法108种，同时还有各种器械套路。

4. 陶冶情操、养身健体的现代武术宗旨

八步洪拳有极强的技击性，既可防身自卫，又富有很高的健身功能。科学的拳路体系适合各阶层人习练，能培养人的思维反应、领悟理解能力，人们可从习练八步洪拳中锻炼意志、陶冶情操、养身健体，获得身心的愉悦，培养不断进取、团结拼搏的意识和精神，具有重要的科学研究价值。

（三）制度要素

1. 博采众家、自成一体的拳术套路

八步洪拳在发展传承过程中，广泛汲取了中国传统武术精髓，集众家之长，大胆创新，自创一体，形成了独特的艺术特征。有48手、108腿，并有八步花鼓拳、盘拳、对练3种拳术套路，以及八步连环棍、八步大刀等各类器械套路，自成体系。

整个套路由身形、步法、手法、腿法以及各种跳跃、平衡等动作与技术组成，在练习拳术过程中，要求动作规范，手、眼、身、步配合协调，浑身上下整合为一体，形成自己独特的风格，同时还需与意识、呼吸紧密结合，达到内外合一，形神兼备。

八步洪拳身形。练八步洪拳时，形体姿势端正矫健，注重腰活肩松，探身、仰身、摆腰等动作舒展大方，形神并练，刚柔相济。

八步洪拳步法。八步洪拳步法稳健独特，主要步法为团箕步，因脚摆"丁八步"而得名，行功时不沉不浮，身正步稳，整套拳路可在原地演练完成。有刮、扫、滑、跟、跳、弓、马、虚、拐、跪、撤、扭等动作相互穿插，步法稳健灵活、快速多变。

八步洪拳腿法。八步洪拳腿法要求快速完整，协调和顺，主要有踢、撑、钉、扫、闸、捆、飞、扬、勾、撞、捎、蹬、翻、挫、跪、缠。腿法凌厉而速疾，多为屈伸性腿法，一发连环，劲力充沛，势雄力猛，多用爆发力，手脚齐发。

八步洪拳手法。八步洪拳手法糅合了少林拳闪展腾挪的动作特点，发力迅速，巧使妙变，手法全面，长、中、短桥并用，左右开弓，手出如轮转，姿势舒展，力点准确，发力顺达，讲究攻防技法配合，招式势势相连。

2.师徒相授的传承方式

八步洪拳一直以师徒相授的方式代代传承，目前已传至第五代。

第一代（19世纪中叶至20世纪初）是李春贤（1849—1930）；第二代（20世纪初）为叶仰高、夏兆阳、魏毓蕃、吴贤福、王晋宝、林彦昌、吴开长、赵土瑞、叶跃斋、叶秀斋、王岩生等。第三代（20世纪70年代）为吴成宗、兰天宝德、刘国平、徐志一、章敏忠、蒋忠敏、董益尧、张启华等70余人。第四代（20世纪80年代）为王小波、吴景平、周武、张邦达、张文勇、梅必勇、吴燕红等。第五代（21世纪）为刘怡然、章晨婧、张翔越、张志宇、

徐舒凝、谢旋、刘旭阳、江飞等。如今，云和八步洪拳的主要传承群体是以刘国平、王小波、蒋忠敏等为代表的一批云和县武术协会骨干力量，其中刘国平、吴景平为县级代表性传承人。

3. 规范的拳法练习程序

练习八步洪拳须依循规范的程序，包括站桩练习、拖桩练习、二十二腿练习，需要练习者基本掌握连环三套手动作，刮步成丁八步、吊马出拳反复练习。随后，习武者进行步法和捎手、单插、双插、刮步浪风等手势变换练习，要求能够进行脱手、插手、灵活运用步法进行浪风攻击。紧接着，习武者运用中栏部位进行转身、扑肘与阴腿变化练习，灵活掌握软步中栏、扑肘、阴腿等动作，并做到掌握中栏转身稳准，扑肘荡拳、勾手与阴腿结合使用。最后，以封手为主增加难度动作，练习封手、坑儿甩袋、天师克印、跳步、观音坐莲、乌风扫地等。

4. 严格的学艺门规和步骤

八步洪拳有严格的学艺门规和步骤：先训德，后授艺；先练习扎马和扯拳，再学新拳和兵器；循序渐进，先易后难，逐步提高。

（四）语言和象征符号

舒筋活络、势式平衡的武术动作。八步洪拳可以改善人体生理机能，增强身体平衡和协调能力，适合不同年龄段的人练习。它普及性强，智体结合，兼具趣味性和观赏性，能培养人果断敏捷的领悟和理解能力，树立人的不断进取意识和团结拼搏精神。练习八步洪拳，既能强身健体，又可修身养性，有利于树立高尚、文明的新型运动观和健康、和谐的价值观。

二、核心基因提取与评价

基于对材料的全面、深入分析，本文化元素的核心基因可表述为："'习武修德、以武强族'的理念""陶冶情操、养身健体的现代武术宗旨""抵御外侮、振兴中华的家国情怀""博采众长、大胆创新的精神"。

八步洪拳核心文化基因评价依据

评价项目	评价因子	评价依据（特点）	是否
生命力评价	文化基因存续的时间	自出现起延续至今，未曾明显中断	√
		自出现起延续至今，但多次衰微、中断后复兴	
		曾明显衰败，改革开放后开始复兴或历史溯源关键环节缺失，难以考证	
		文化形态主体已灭失，现存部分痕迹	
	文化基因的稳定性	在发展过程中保持相当稳定的状态	√
		在发展过程中存在明显的精神内涵、表现形式剧变	
凝聚力评价	文化基因的凝聚力及社会动员效果	曾广泛凝聚起区域群体的力量，显著推动过社会经济文化的发展	
		曾部分凝聚起区域群体力量，对社会经济文化的发展产生过影响	√
		凝聚过力量，创造过实际的发展动能，但未见对社会经济文化发展产生显著改变	

续表

评价项目	评价因子	评价依据（特点）	是否
影响力评价	辐射的范围	仅在历史文献或口耳相传中存在，未见实际介入社会经济发展	
		具有全国性、世界性的影响力	
		具有长三角区域、浙江省影响力	√
		具有市县、乡镇影响力	
	提炼的高度	已经被古代文人士大夫和当代学者提炼为精神符号和理念理论	
		单纯的样式、造型、工艺技术规范	√
发展力评价	与当代精神追求和价值观念的契合	传统文化基因得到创造性转化、创新性发展；区域革命文化基因被完整继承、广泛弘扬；区域社会主义先进文化基因成为与浙江"三个地"相适应的文化高地	
		部分转化、部分弘扬、部分发展	√
		难以转化、难以弘扬、难以发展	

说明：基因特点评价是对解码出来的基因，根据本《导则》表2的要求，围绕"四个力"逐一对表打"√"，进行定性表述

（一）生命力评价

"'习武修德、以武强族'的理念""陶冶情操、养身健体的现代武术宗旨""抵御外侮、振兴中华的家国情怀""博采众长、大胆创新的精神"。八步洪拳的核心基因，是中华民族优秀的民间文化遗产之一，有100多年的历史，其发展传承的过程相对稳定，具有强大的生命力。

（二）凝聚力评价

八步洪拳的核心基因具有极强的传统继承性和凝聚力，在辛亥革命时期曾发挥过积极作用。1904年，李春贤会同光复

会首领陶成章、魏兰等革命党人从事革命活动，在魏兰创办的云和箬溪书院先志学堂担任体育教员传授武术，培养造就了一批革命志士。1926年，李春贤在云和开设拳馆带徒授艺，弟子遍布城乡，有着极强的群众基础，凝聚力强大。

（三）影响力评价

八步洪拳的核心基因是一种活态传承的非物质文化遗产。八步洪拳注重内外兼修，将人的竞争与对抗以技、勇、智、德等方式表现出来，蕴含哲学、中医学、美学、气功等多种传统文化思想和观念，具有东方武术文化特有的哲理性、科学性和艺术性，集中体现了中华民族传统体育的智慧。八步洪拳兼具历史、文化、体育、教育和社会等多元价值，是民族优秀传统文化的重要载体。研练八步洪拳，对于增强国民体质和培养民族自信心，具有非常重要的意义。

（四）发展力评价

八步洪拳的核心基因有利于树立不断进取的意识和团结拼搏的精神，树立高尚、文明、健康、和谐的新型运动观和价值观，其发展力极为强大。

三、核心基因保存

"'习武修德、以武强族'的理念""陶冶情操、养身健体的现代武术宗旨""抵御外侮、振兴中华的家国情怀""博采众长、大胆创新的精神"为八步洪拳的核心基因。《云和八步洪拳原始套路及拳谱》《双龙会首领李春贤轶事》《云州县体育简志》《八步洪拳介绍》等 8 份文字资料,保存于云和县文化基因解码调查组资料库。

包山花鼓戏

瓯江源头 云和文化基因

包山花鼓戏

云和县云坛乡包山村，位于云和县城东部，海拔700米，面积约6.7平方千米，居有140户人家，700余人口，山清水秀，民风淳朴，主要经济来源有稻谷、薯类、包山雪梨、茶叶、椴木木耳、袋料香菇等。其中包山雪梨被大面积栽种已有百余年历史，因其皮薄、肉细、汁多、味甘，而被列为著名的"云和雪梨"中的上品。

包山村因地处偏远高山，至今未通公路，与外界联系相对较少。所在乡有仙姑岩、仙姑岩瀑布、沈村松树等自然景观。

包山村虽小，但包山花鼓戏一直以来却在浙南山区一带享有盛名。

包山花鼓戏系由安徽"凤阳花鼓"衍变而来，经历代艺人的嫁接创新，自成一体，是一种介于民间歌舞、曲艺和小戏之间的艺术形式。该村花鼓戏历史悠久，从明代开始，历经400余年，代代相传，相沿不辍。除沿袭了凤阳花鼓一男一女两个角色外，还外加大相公和花鼓囡两个角色，内容多表现花鼓艺人受尽流离之苦，遭受地方官僚豪绅的欺凌，而对白和唱腔，则融进浓重的包山本土方言，具有鲜明的地方特色。

旧俗于年节前，村中由公举的灯头任事，筹资垫款，制办花灯，召集十余岁的少年教习戏文。正月初二起灯，率班出村巡回演出，至正月二十回村，收灯停演，演几年，歇几年，演员年纪稍长，转充乐队。通常，除了在村中夫人庙或张氏宗祠等处演戏酬神外，非春节期间不演出。

包山花鼓戏班剧目丰富，除了常见的《双看相》《卖花线》《卖草囤》《卖茶》《卖小布》《打莲湘》《打海棠》《打纱窗》《望花》《对花》《补缸》《荡湖船》《走广东》等传统剧目外，后期还有《牡丹对课》《断桥》《祭塔》《哪吒》《金朝算命》《刘秀抢饭》《徐庶回营》《貂蝉拜月》等小戏。

包山花鼓所用曲牌，主要有《柳条金》《柳条金断》《闹长沙》《三句落》《过街溜》《一字清》《大过场》《小过场》《大字过场》《闷工过场》《上轿哭》《落山虎》《满门贤》《望乡台》等。新中国成立前，花鼓戏被看作"乞丐戏"，艺人受歧视，艺术受摧残。新中国成立后，花鼓班顿添生气，除演出传统剧目外，还积极开展宣传演出，获得了良好的社会效果。1980年，包山村俱乐部重组花鼓班，每年春节坚持演出，除本乡外，还到云和县城、沙溪、云坛、局村、小顺等乡及丽水的大港头和景宁的江星、渤海一带农村巡演，深受山区群众欢迎，并取得较好的经济效益。

2005年,在县政府及有关部门的重视下,包山村重组演出队伍,由老艺人指导,在保持原汁原味的基础上,经收集、整理、创新、改编后,包山花鼓戏在休演近十年后,重新与观众见面,共演出《大花鼓》《卖花线》《补缸》等10余个传统节目,广受好评。

一、要素分解

（一）物质要素

1. 丰富的演出剧目和曲牌

包山花鼓的传统剧目有《大花鼓》《双看相》《卖花线》《卖草囤》《卖茶》《卖小布》《打莲湘》《打海棠》《打纱窗》《望花》《对花》《补缸》《荡湖船》《走广东》等，后期还有《牡丹对课》《断桥》《祭塔》《哪吒》《金朝算命》《刘秀抢饭》《徐庶回营》《貂蝉拜月》等剧目。

包山花鼓所用曲牌，主要有《柳条金》《柳条金断》《闹长沙》《三句落》《过街溜》《一字清》《大过场》《小过场》《大字过场》《闷工过场》《上轿哭》《落山虎》《满门贤》《望乡台》等。

2. 风格独特的服装与道具

不同于其他的戏剧舞蹈，包山花鼓的服装道具风格较为独特。在服装上，花鼓公（丑）头戴黑色小圆帽，上饰一小三角形，帽边镶一红边。上穿黑色镶紫红边的男式对襟上衣（衣长71cm，胸围108cm，下摆120cm，袖长81cm），腰系两片白围腰，下穿红色灯笼裤（裤长115cm，臀围134cm），小腿处扎"绑腿"，脚穿黑色布鞋。凤阳婆（旦），脑后梳一发髻，头戴"凤阳角"，上穿粉红镶黑边清式女大襟上衣（上衣长

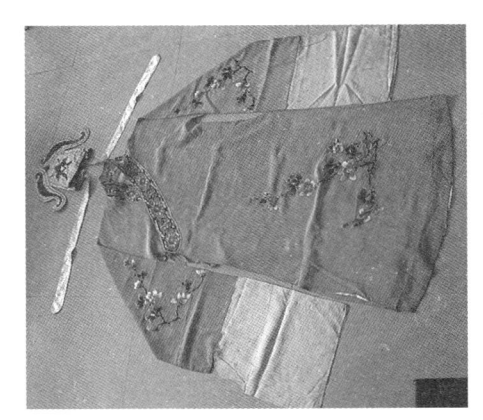

78cm，胸围98cm，下摆144cm），下穿乳白绣花大褶裙（裙长100cm，裙腰80cm），脚穿黑色布鞋。大相公（生），头戴白底绣花相公帽，身穿绿色绣花袄子（衣长129cm，胸围120cm，袖长96cm、水袖长40cm）。腰系丝带，下穿白色灯笼裤，脚穿黑色布鞋。

道具包括以下几种：

花鼓，鼓身红色，两头蒙皮鼓面，鼓身钉两只铁环，环上系一红绸带。鼓签，缠绕红布条的两根细竹，长53cm。

小锣，直径9cm，锣签木制。

纸扇，半径33cm。

凤阳角，内用竹篾制作、外用红布条缠绕，两角包锡纸。直径21cm，角长11cm。

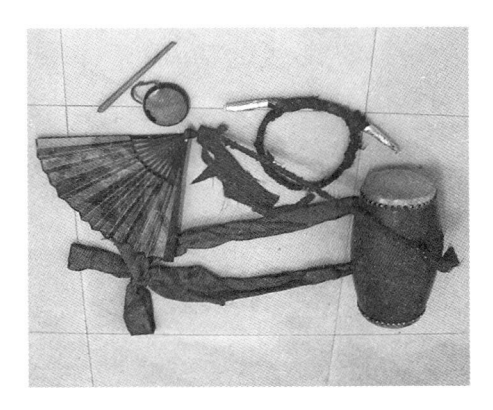

（二）精神要素

对平安顺遂生活的向往。包山花鼓至今还保留了一种宗教信仰，每年出演前，必须到村中的禹王殿、夫人庙、五仙殿烧香点烛，还须演一遍当年的花鼓剧目。每到一个村庄演出，进村前都要到当地祠堂庙宇鸣放鞭炮、烧香点烛，表演《穿阵》剧目以酬神，祈求风调雨顺、事事平安。

（三）制度要素

1. 规范而富有趣味的表演程式

包山花鼓（俗称跳花鼓、花鼓灯）主要在民居中堂（当地俗称"上间"）演出。分丑、旦、生三个行当，视剧目不同，角色亦不等，最多有一丑（花鼓公），二旦（凤阳婆、花鼓囡），一生（大相公）四个角色。乐队配置有京胡（或板胡）、二胡、唢呐、笛子、鼓板、大小锣、中钹等民族乐器；声腔吸收了当地流行的小调和戏曲，有凤阳调（歌）、平板、滩簧调等；唱腔、念白以当地方言为主，结合吴语、官话；剧目大都表现传统故事和劳动生活；表演借鉴戏曲的台步、身段和韵白，丑走后勾腿的跳步，凤阳婆走正旦台步，花鼓囡走小花旦步，大相公则走小生台步为主。表演朴实明快，诙谐幽默。每次演出必以灯舞《穿阵》开场，而后演《大花鼓》及其他剧目，最后也以《穿阵》谢茶结束。

表演和调度有一定的程式。在《大花鼓》中，凤阳婆身背花鼓，手持鼓签，花鼓公左手拿小锣，右手持锣签，大相公手摇折扇。调度灵活，有斜直线对走、四角换位走、转圈、圆场、3人走"8"字穿三角阵、三角型换位等等。人物性格鲜明，具有浓郁的生活趣味。

2. 口传身授的传承方式

包山花鼓在几百年的传承中，靠老艺人的口传身授代代相传。如艺人张汉章（1900—1981）通晓剧目，赵洪进（1912—1985）熟知多种民间乐器演奏和花鼓曲牌。

（四）语言和象征符号

真声为主、假声为辅的声腔。由于花鼓戏旋律简单平稳，音域一般不超过一个八度，以级进或二、三度的小跳音程为主，五度或五度以上的大跳音程很少出现，因此演唱时多使用真声。偶尔出现七度、八度甚至九度音程时则需用假声演唱。久而久之，形成了以真声为主，假声为辅的演唱方式。花鼓艺人都是"农时务农，闲时唱戏"的农民，大多不识谱，没有接受过正式的发声训练，都是跟着师傅口口相传,因此演唱时无固定的调式,只需把握上下句的落音,便可自由演唱。

二、核心基因提取与评价

基于对材料的全面、深入分析，本文化元素的核心基因可表述为："丰富的演出剧目和曲牌""对平安顺遂生活的向往""规范而富有趣味的表演程式"。

包山花鼓戏核心文化基因评价依据

评价项目	评价因子	评价依据（特点）	是否
生命力评价	文化基因存续的时间	自出现起延续至今，未曾明显中断	√
		自出现起延续至今，但多次衰微、中断后复兴	
		曾明显衰败，改革开放后开始复兴或历史溯源关键环节缺失，难以考证	
		文化形态主体已灭失，现存部分痕迹	
	文化基因的稳定性	在发展过程中保持相当稳定的状态	√
		在发展过程中存在明显的精神内涵、表现形式剧变	
凝聚力评价	文化基因的凝聚力及社会动员效果	曾广泛凝聚起区域群体的力量，显著推动过社会经济文化的发展	
		曾部分凝聚起区域群体力量，对社会经济文化的发展产生过影响	√
		凝聚过力量，创造过实际的发展动能，但未见对社会经济文化发展产生显著改变	
		仅在历史文献或口耳相传中存在，未见实际介入社会经济发展	

续表

评价项目	评价因子	评价依据（特点）	是否
影响力评价	辐射的范围	具有全国性、世界性的影响力	
		具有长三角区域、浙江省影响力	√
		具有市县、乡镇影响力	
	提炼的高度	已经被古代文人士大夫和当代学者提炼为精神符号和理念理论	
		单纯的样式、造型、工艺技术规范	√
发展力评价	与当代精神追求和价值观念的契合	传统文化基因得到创造性转化、创新性发展；区域革命文化基因被完整继承、广泛弘扬；区域社会主义先进文化基因成为与浙江"三个地"相适应的文化高地	
		部分转化、部分弘扬、部分发展	√
		难以转化、难以弘扬、难以发展	

说明：基因特点评价是对解码出来的基因，根据本《导则》表2的要求，围绕"四个力"逐一对表打"√"，进行定性表述

（一）生命力评价

"丰富的演出剧目和曲牌""对平安顺遂生活的向往""规范而富有趣味的表演程式"为包山花鼓戏的核心基因，从明代开始，代代传递相沿不绝，距今已有400多年历史。其生命力是强大的。

（二）凝聚力评价

"丰富的演出剧目和曲牌""对平安顺遂生活的向往""规范而富有趣味的表演程式"为包山花鼓戏的核心基因，是云和人民过往生活的一部分，也是云和区域内民间创造力的体现之一，在民间具有强大的凝聚力。

(三)影响力评价

"丰富的演出剧目和曲牌""对平安顺遂生活的向往""规范而富有趣味的表演程式"为包山花鼓戏的核心基因,代表的是民族特殊的生活生产方式,是民族个性、民族审美习惯"活"的显现,也体现了"越是民族的,越属于世界的"的理念。

(四)发展力评价

"丰富的演出剧目和曲牌""对平安顺遂生活的向往""规范而富有趣味的表演程式"为包山花鼓戏的核心基因,与当下社会发展高度吻合,具有良好的发展力。

三、核心基因保存

"丰富的演出剧目和曲牌""对平安顺遂生活的向往""规范而富有趣味的表演程式"为包山花鼓戏的核心基因,《包山花鼓戏》《包山花鼓剧目》《包山花鼓戏传承人张再堂》《包山花鼓戏传承人徐锦山》等9份文字资料保存于云和县文化基因解码调查组资料库,实物材料——包山花鼓戏演出道具与乐器——保存于云和县云坛乡包山村。

云和瓯江帆船制造工艺

瓯江源头　云和文化基因 一

云和瓯江帆船制造工艺

在古代的云和，由于万山阻隔，先民们处于几乎封闭的原始生活状态，古人曾以"叠嶂嵯峨布青天，一径羊肠盘山旋"描述当年重山阻隔的情景。为了突破环境的禁锢，先民们因地制宜，以当地山林中的木材制作瓯江帆船，并以贯穿云和全境的瓯江干流——龙泉溪为依托，开拓了帆船航线。据《云和县志》记载，在春秋战国时期，位于瓯江上游的云和就有木帆船通行，龙泉溪沿岸的赤石、龙门、紧水滩、石浦等众多村落保存着帆船制造的悠久回忆。至民国二十五年（1936），龙泉溪沿岸11个乡镇有木帆船813艘，仅滩下小村就有木帆船120

多艘。

瓯江帆船溯上游航行可达庆元县，沿下游途经龙泉、云和、丽水、青田，可达温州永嘉，它将温州沿海的海鲜百货送入温州和丽水的山区，为闭塞的山城带来了先进的生产生活信息和文化，同时也将大山中丰富的矿藏、工艺品、农产品，比如龙泉的青瓷、云和的银矿、生铁矿石、雪梨、香菇、竹、木、柴、炭等送往海港。这些土特产在温州市场畅销，声誉甚至远扬海外。宋时，瓯江为"青瓷之路"，著名的龙泉青瓷、宝剑等通过瓯江帆船到达温州港口，将中国的传统文化向世界各地传播。

为了保证货物和人员能够安全、高效地实现运送，承担重任的帆船均由瓯江地区的造船工匠以精湛技艺制成。这一技艺历史悠久，传承至今。一条木帆船的制作，一般须经设计、制材、木工、漆工等多道繁复的工序。同时，由于瓯江上游滩多水急，瓯江帆船采用了两头尖、木梭形的船体结构，以提高船体的坚固性和灵活性，因此被人们形象地称之为"麻雀船""舴艋船"，而独特的风帆设计更是体现了其技艺上的成就。形制独特、轻柔实用的风帆，使得船只在瓯江上游险劣的环境中能够巧借风力、溯水行舟。

东晋时期，永嘉太守谢灵运乘坐瓯江帆船游览时写下了大量山水诗，创立了著名的山水诗派，后来孟浩然、杜甫、苏东坡、陆游、叶绍翁、文天祥、汤显祖、刘基等在瓯江创作了大量不朽的诗篇。抗日战争时期，浙江省政府迁至云和，小顺兵工厂位于瓯江边，其战时物资，尤其是盐的运输都靠瓯江帆船。小小帆船粉碎了侵华日军对我战时浙江省会封锁食盐的阴谋，为浙江省会保卫战的胜利作出了巨大贡献。

瓯江帆船是一种与瓯江沿岸居民息息相关的生产生活用具，承载着丰富的非物质文化遗产内涵。帆船所蕴含的女神、鲁班信仰，是传统文化和精湛的木作技艺的结晶。灵动的瓯江帆船与两岸的青山相映成趣，一如瓯江历久弥新，激荡着中华民族的勇敢和智慧，在漫长的历史长河中，为山区经济、社会的发展建立了不朽的功勋。

一、要素分解

（一）物质要素

1. 重山阻隔、一溪贯境的地理环境

云和位于瓯江上游，瓯江干流——龙泉溪贯境而过。旧时，瓯江上游的先民被关锁在万山丛中，处于全封闭的原始生活状态。在重山阻隔的环境中，积极进取、努力开拓的云和先民们以瓯江水系为依托，创造了瓯江帆船，冲破崇山峻岭，沟通了外界，并孕育了淳朴深厚的船帮文化。在春秋战国时期，瓯江上游就有木帆船通行，距今已有2500年的历史。

2. 历史悠久的帆船水运体系

据浙江省档案馆档案记载，民国初期，瓯江船只8000艘，每日到达永嘉终点船只平均250艘。龙泉溪沿岸的赤石、龙门、紧水滩、石浦、局村、小顺等众多村落都有着悠久的帆船

制造历史。据史料记载，民国二十五年（1936），龙泉溪沿岸11个乡镇，有木帆船813艘，滩下这个不达80户的小村就有木帆船120多艘。瓯江沿岸的造船业和水上运输业在几千年的历史长河中不断发展，日益发达。瓯江帆船上可到达庆元县的小梅，下可途经龙泉、云和、丽水、青田直达温州永嘉。瓯江帆船使"海运"进入大山，使云和的银矿石、生铁外运，还使本地产的雪梨、香菇、竹、木、柴、炭等在温州市场销路畅通，声誉远扬。瓯江帆船也是海上丝绸之路的一个支线。宋时，瓯江为"青瓷之路"，使著名的龙泉青瓷、宝剑等通过瓯江到达温州港口，从而将中国的传统文化向世界各地传播。与此同时，先进的生产生活信息和文化也被瓯江帆船带到了相对闭塞的山城。

3. 丰富的制作材料和工具

瓯江帆船的制作材料较多，造船用板有松树、杉树、樟树、苦槠树四种木料。配料有铁钉、桐油、石灰、竹丝、船篷（以毛竹、箬叶为主），由篾匠制作，铁钉还分为船底钉、船漂钉、龙槽钉和垫板钉。瓯江帆船制作所用工具有宽锯、窄锯、长刨、短刨、弯刨、板扣、斧头、手钻、铁锤、钉送、老虎钳、八字钳、宽凿、窄凿、圆凿、鲁班尺（也叫角尺）、墨斗等。

（二）精神要素

1. 国家兴亡、匹夫有责的卫国情怀

在抗日战争时期，浙江省政府迁至云和，当时位于瓯江边上的小顺兵工厂，其生产的枪支弹药和战时所需物资都依靠当地民众使用瓯江帆船运输。瓯江帆船还开辟出"浙西南盐道"。最终，临时省政府和民众共同依靠瓯江帆船粉碎了侵华日军对我战时浙江省会——云和，及浙西南地区封锁食盐的阴谋，为取得浙江省会保卫战的胜利作出了贡献。

2. 积极勇敢、开拓进取的精神

云和瓯江帆船曾是瓯江上游各县市通向温州的主要交通工具。古时，瓯江上游的先民被关锁在万山丛中，处于全封闭的原始生活状态，古人曾以"叠嶂嵯峨布青天，一径羊肠盘山旋"之句，形象地描述当年大山阻隔的情景。先民们以瓯江水系为依托，创造了瓯江帆船，冲破崇山峻岭，让自己的生活走向另一个世界。瓯江帆船是先民智慧和毅力的结晶，是顽强和勇敢精神的象征。

（三）制度要素

1. 精湛的瓯江帆船制作工艺

瓯江帆船制作工艺包括造型设计、选材、制材、木工组装、油灰、上桐油、制凉篷等八道工序。

造型设计是帆船建造的第一步，也是帆船坚固耐用的保障，主要根据所造帆船的大小，设计各部件的尺寸和结构。

帆船不同的结构部分对木料的要求不一样，因此造船前选好所需木料是造船的基础工作。瓯江帆船所用材料多选用本地产的木材，船底板用松木，漂板用杉木，马腿一般用樟木，梁头板用樟木或苦槠木。各种木材要求树龄老，木质坚硬耐用，不易腐烂。

制材，是对木材进行风干或烘干。一般将砍伐下来的木材风干三四个月至半年，使其水分大部分蒸发，这样才能确保制成的木帆船不开裂、不走形。

木工是最主要的一道工序。瓯江帆船一般船身长10.1米，宽2米，高1.72米，前方正中竖一木帆桅，高8到10米，帆宽约2米。货物上行载重1吨，下行载重2.4吨。专供载客的木帆船设乘客座位，可载乘客20余人，两侧开窗。

船底板是决定木帆船大小的关键部位，一般长7.6米，机动船9米以上，底部宽不少于30厘米。漂板，即船底两侧的板。披板，即短板，用来做货舱。龙槽，也叫"船杠"，一般长6.5米。马腿，一般用樟木，厚3到3.5厘米，有一定弯度，加工难度较大。梁头板，用樟木或苦槠木，大梁长6尺，二梁为货舱后面的二等梁，长6尺，三梁

长 2.5 尺（尺，指鲁班尺）。木工师傅擅长精密的榫卯结构设计，木帆船的榫卯一般有半榫、透榫等。独特的榫卯结构形成不同的部件造型。

将各个部位的配件加工好之后，就利用其中的榫卯结构和船底钉、船漂钉、龙槽钉和垫板钉等配件将船组装起来。装配过程如下：（1）做底板，也叫踏板，前后两头向上弯。（2）前后梁头是制作的关键部位，船底上第一片板叫"牙脚"，用松木；第二片板叫"转水"，用杉木。这也是关键的两片板。（3）接着先上马腿，后上第二节、第三节两对"漂板"，又称"上二双、三双"。（4）上"前斗金""后斗金"，再上"三梁"和"龙槽"。（5）做好前、后"鹿角"，即人站立的位置。（6）装前、后"千斤板"和"助力板"（上滩时用）。（7）装"龙槽皮"（在船杠外）、拉手档及隔水梁（隔水梁是前斗金的千斤板下面和后斗金的助力板下面的一块小板，一般看不见，是用来防止船只漏水而设的装置，因为前、后斗金都有一个插竹篙用的洞）。

随后，利用桐油、石灰、麻筋的调合物将各块船板的缝隙填塞，以防止漏水。上桐油工艺是帆船制作的关键环节，上好油，船身将防水防腐。油船用的是熟桐油，制作时需要师傅掌握好火候和炼油技巧。最后，制作帆船上的篾篷。用箬叶、竹篾制作的篷可以挡风遮阳。

造船师傅技艺娴熟，手艺高超，将一块块木板和木条巧妙而紧密地连接在一起，变成秀山丽水中一叶灵动而极富生命力的小船。瓯江帆船的艄公既能掌舵又能划桨，进退自如。每当扬帆疾驶时，大有"千里江陵一日还"之势。

2. 寓意吉祥、祈福平安的墨线习俗

在民间流传着一个鲁班师傅造船的故事。传说鲁班师傅造好船后用撑篙撑船，可是到了深水处，撑篙发挥不了作用。正在他冥思苦想之际，看见老婆把扫帚夹在胯下，于是受到启发，做了扫帚形的舵装到船上，效果很好，这就是船舵的来历。云和瓯江帆船在制作时，有"造船留墨线"的习俗，并一直流传至今。墨线是木匠取料的标志，木船造好后，造船师傅就会把墨线清除，但云和帆船前、后梁上两条墨线仍然保留，据说这是鲁班为了保护人们行船安全而设的一道防护线。无论船只在任何地方停泊、过夜，一切鬼魔都不敢跨越这条防护线。

（四）语言和象征符号

轻巧玲珑的舴艋船外形。一条云和瓯江木帆船的制作，要经过设计、制材、木工、漆工等多道繁杂的工序。精湛的木作技艺渗透在每一道工序中。瓯江上游滩多水急的特殊地理环境，造就了瓯江帆船特殊的结构和造型特点。瓯江帆船两头尖，呈木梭形，在整个瓯江流域，被人们形象地称为"麻雀船""舴艋船"，它的轻巧可见一斑。

二、核心基因提取与评价

基于对材料的全面、深入分析,本文化元素的核心基因可表述为:"积极勇敢、开拓进取的精神""精湛的瓯江帆船制作工艺""轻巧玲珑的舴艋船外形"。

云和瓯江帆船建造工艺核心文化基因评价依据

评价项目	评价因子	评价依据(特点)	是否
生命力评价	文化基因存续的时间	自出现起延续至今,未曾明显中断	
		自出现起延续至今,但多次衰微、中断后复兴	√
		曾明显衰败,改革开放后开始复兴或历史溯源关键环节缺失,难以考证	
		文化形态主体已灭失,现存部分痕迹	
	文化基因的稳定性	在发展过程中保持相当稳定的状态	√
		在发展过程中存在明显的精神内涵、表现形式剧变	
凝聚力评价	文化基因的凝聚力及社会动员效果	曾广泛凝聚起区域群体的力量,显著推动过社会经济文化的发展	√
		曾部分凝聚起区域群体力量,对社会经济文化的发展产生过影响	
		凝聚过力量,创造过实际的发展动能,但未见对社会经济文化发展产生显著改变	
		仅在历史文献或口耳相传中存在,未见实际介入社会经济发展	

续表

评价项目	评价因子	评价依据（特点）	是否
影响力评价	辐射的范围	具有全国性、世界性的影响力	
		具有长三角区域、浙江省影响力	√
		具有市县、乡镇影响力	
	提炼的高度	已经被古代文人士大夫和当代学者提炼为精神符号和理念理论	
		单纯的样式、造型、工艺技术规范	√
发展力评价	与当代精神追求和价值观念的契合	传统文化基因得到创造性转化、创新性发展；区域革命文化基因被完整继承、广泛弘扬；区域社会主义先进文化基因成为与浙江"三个地"相适应的文化高地	√
		部分转化、部分弘扬、部分发展	
		难以转化、难以弘扬、难以发展	

说明：基因特点评价是对解码出来的基因，根据本《导则》表2的要求，围绕"四个力"逐一对表打"√"，进行定性表述

（一）生命力评价

云和瓯江帆船在过去的几千年中，一直是瓯江上游先民们与外界进行政治、经济、文化交流与联系的唯一工具。瓯江干流自龙泉经云和入境，由西南向东北贯穿丽水市中部，折转东南入青田，最后抵达温州的航线，早在两千年前的秦汉时期就已经开通，使得丽水山区被不断开发。晋、南朝宋时王羲之、谢灵运也曾数度泛舟瓯江，南宋诗人陆游曾乘瓯江帆船写下诗句，叶适多次乘船往返于龙泉至温州之间。民国初期，瓯江上航行船只达8000艘。民国二年（1913）运量达4323担。抗日战争时期，云和瓯江帆船为浙江省临时省政府提供了强大的后勤保障。直至1983年、1990年，紧水滩电站、石塘电站相继建成，航道受阻，加之陆路汽车交通飞速发展，云和瓯江帆

船才退出水路运输的历史舞台。如今，旅游业兴起，使瓯江帆船成为旅游、摄影的重要工具。瓯江养殖业、捕捞业的发展，亦使瓯江帆船有了用武之地。因此，自古至今，瓯江帆船一直是云和乃至瓯江流域的重要生产生活工具，其核心基因为"积极勇敢、开拓进取的精神""精湛的瓯江帆船制作工艺""轻巧玲珑的舴艋船外形"，自出现起延续至今，未曾明显中断，在发展过程中保持相当稳定的状态。

（二）凝聚力评价

瓯江帆船一直是瓯江上游各县市物质和文明的传送纽带，是开拓山区经济的使者，是浙南山区的运输大动脉，它使闭塞的山区不再闭塞，使海运进入大山，使云和雪梨在温州市场声誉大振，使云和土特产竹、木、柴、炭等销路畅通。在抗日战争时期，浙江临时省政府依靠瓯江帆船，开辟了浙西南盐道，有力地粉碎了侵华日军对攻占浙江省临时省会——云和，及浙西南地区封锁食盐的阴谋。瓯江帆船为抗日战争输送物资，取得了浙江临时省会保卫战的胜利。因此，其核心基因"积极勇敢、开拓进取的精神""精湛的瓯江帆船制作工艺""轻巧玲珑的舴艋船外形"曾广泛凝聚起区域群体的力量，推动了社会经济文化的显著发展。

（三）影响力评价

瓯江帆船在过去的几千年直至近代，一直是瓯江上游先民们与外界进行政治、经济、文化交流联系的唯一工具。在抗日战争时期，浙江省政府迁至云和，由于公路运输被封锁和切断，瓯江帆船在这一时期发挥了巨大的作用。同时，帆船制作过程中的鲁班祭祀、下水时的相关仪式、拉纤时悲壮恢宏的瓯江号子、行船时的天妃宫娘娘信俗等，创造了独具特色的瓯江船帮文化，影响力遍及瓯江流域。瓯江帆船沿上游航行可达庆元县，沿下游途经龙泉、云和、丽水、青田可达温州永嘉，它将温州沿海的海运百货送入温州和丽水的山区，为闭塞的山城带来了先进的生产生活信息和文化，同时也将大山丰富的矿藏、工艺品、农产品，比如龙泉的青瓷、云和的银矿和生铁矿石等送往海港，它们在温州市场畅销，声名远扬、远销海外。因此，在经济、文化等多个领域，瓯江帆船都凸显出举足轻重的地位，其核心基因"积极勇敢、开拓进取的精神""精湛的瓯江帆船制作工艺""轻巧玲珑的舴艋船外形"，也具备长远影响。

（四）发展力评价

古时，瓯江上游的先民被关锁在万山丛中，处于全封闭的原始生活状态，他们以瓯江水系为依托，创造了瓯江帆船，冲破崇山峻岭，让自己的生活走向另一个世界，这是先民智慧和毅力的结晶，也是顽强和勇敢精神的象征，与当代精神追求和价值观念同样契合。同时，旅游业的兴起，为瓯江帆船提供了活动空间。以瓯江帆船为主角的"瓯江帆影"摄影创作基地，成了国内外摄影爱好者云集之地。此外，随着养殖业、捕捞业的发展，瓯江帆船数量增加，更有了用武之地。因此，作为瓯江帆船的核心基因，"积极勇敢、开拓进取的精神""精湛的瓯江帆船制作工艺""轻巧玲珑的舴艋船外形"得到了创造性转化与创新性发展。

三、核心基因保存

"积极勇敢、开拓进取的精神""精湛的瓯江帆船制作工艺""轻巧玲珑的舴艋船外形"为云和瓯江帆船建造工艺的核心基因,《瓯江帆影》《瓯江帆船》《瓯江船说》等 10 项文字资料保存于云和县文化基因解码调查组资料库。实物材料瓯江帆船保存于云和县赤石、龙门、紧水滩、石浦等众多村落。

云和山寨遗址

瓯江源头 云和文化基因

云和山寨遗址

山寨，在古代云和地区非常重要。云和多山，历史上地广人稀，曾有很多山寨。现在被人们称为鸡公寨、鸡母寨、金岩寨、龙岩寨、高峰寨、虎头寨的地方，当年都曾筑过山寨，不少山寨至今仍然有历史痕迹可寻。古代，云和交通以水运船载为主，除主航道龙泉溪之外，还有几条通往县城的陆路"官道"。山寨或沿溪流，或沿"官道"，选择在山势陡峭、山顶有平地可住人处修筑，以便人员集聚和撤离，是重要的交通要道和军事要塞。在这些古老的山寨遗址上，农民起义军曾抵抗官兵，筑寨守御，据险避寇，发生了许多可歌可泣的故事。

在龙泉溪沿岸及银坑重点地区险峰要隘处，明代曾经构筑了17个山寨据点。据史料记载,明景泰元年(1450),浮云(今云和)王景参领导农民起义,浮云、西乡及邻县农民矿工纷纷响应。起义军与宣平陶得二领导的农民起义军密切配合,共同作战,在龙泉溪沿岸及银坑重点地区建山寨据点。官府数次出兵镇剿,均被义军打败。后来,义军杨希勉、叶希八等在官府离间、诱惑下投降,陶得二被俘牺牲。王景参率军返回浮云,途遇处州知府张佑前往龙泉守隘,击溃官军。不久,朝廷派少监阮随、总兵都督陶瑾率兵八千进击浮云。官兵在桑坑口与义军相遇,恶战三日,双方死伤惨重。兵部又抽调大批官兵扎营规溪,兵分三路,把后铺(长汀)寨团团围住。起义军奋力拼杀,终因众寡悬殊失败,王景参自缢身亡。

明景泰三年(1452),兵部侍郎孙原贞以地广民稠,间有哨聚之徒,去县僻远难治为由,奏请将丽水之浮云、元和二乡置县,兼取二乡名尾字,称云和县,此为云和置县之始。王景参领导农民起义的这段历史,有史料记载,可见这些易守难攻的山寨在军事活动中的地位和价值。

据史料记载:"虎头寨在县东北三十里长汀。四围皆峭壁,山颠平旷,可容千余人。康熙甲寅耿乱,里人避寇于此。"在县西四十里石门坑口有龙岩寨,绝壁峭峙,几穷缘陟,山脊为垒石寨,盖昔时里人御寇之用。在县东十里云章村的金公岩,俗称金岩寨。此寨四周陡削,山巅平广,可容数百人。明景泰庚午(1450)寇作,都御史轩輗令县令筑寨其上,以为守御。金岩寨的对面还有鸡公寨,史料没有详细记载,战时可与金岩寨相互照应。县志还记载,高峰寨在县东六十里高源。峰危径仄,西向尤陡削。山顶有废垒,相传为康熙中避乱者所筑。砻空寨,在原龙门乡境内东部。该寨为龙泉溪环绕,地势险要,寨顶在石塘镇竹子坪附近。鸡母寨,在原大源境内,山后村对面。这些山寨都在守御避寇时发挥了作用。

清康熙年间,三藩叛乱,时镇守福建的靖南王耿精忠起兵造反,战火殃及浙江,云和人纷纷筑寨避乱,直至平叛结束。据清同治三年(1864)刊本《云和县志》卷三《山水篇》载:"鸡笼山,在县东三十里。危峰圆耸,四周险峻。陟其巅,巅坦夷。相传康熙中,耿逆余党筑垒于此,废址犹存。"

一、要素分解

（一）物质要素

1. 高耸入云的寨岩背寨址

寨岩背寨址位于石塘镇寨下村寨岩背山顶，海拔约475米，总面积约5000平方米，平地面积约800平方米。寨门位于山顶东面，现因开采叶腊石矿被破坏，山顶南北两边缘有些地方筑有残垣，其中南面有一段保存较好，长约10米，高约1.5米。山顶南面有一条山道，东面通往寨下村，山体西面与山相连，中部高峻，向东、南、北三面倾斜。遗址上还可以采集到明代的碗、盘等残片。

2. 地势险要的龙岩寨寨址

龙岩寨寨址位于石塘镇岭足行政村续莫圩自然村龙岩寨，该山坐北朝南，总面积约 4000 平方米，平地面积约 400 余平方米。南面临江水，东、南两面为悬崖陡壁，地势十分险要，山高 100 余米。山前有一小村庄，名为营盘村，现因建设石塘电站，已被库水淹没。据原营盘村村民回忆，儿时在江边玩耍时，可觅拾到铅球一样大小的铁铸弹丸，据说是当时起义军攻击官军时所用的土炮弹子，它进一步证实了此山头实为当时起义军的阵地。

3. 孤峰陡峙的虎头寨寨址

虎头寨位于石塘镇政府西南寨下村。清康熙十三年（1674），乡人为避乱，立寨于山顶，称虎头寨。牛角寨在县西三十里，孤峰陡峙，状如牛角，旧传里人避寇于此。寨下尖，在原云坛乡南部，史料无详细记载，其用途应与虎头寨相似。

（二）精神要素

勇抗暴政的自由意志。坑根石寨是一个古村落，距今已有 800 多年的历史，当时这里银矿资源丰富，这片富庶之地受到明王朝的青睐，朝廷

在这里开矿炼银，设立银官局，强行征收矿税、店税、商税。由于苛捐杂税沉重，加之银官们层层盘剥，矿工度日如年，矿区民不聊生。景泰元年（1450），丽水西乡（今云和）王景参组织矿工暴动，他们在地势险要、易守难攻的深山建造山寨，以山寨为据点，与朝廷抗衡。最后，朝廷派少监阮随、总兵都督陶瑾率兵八千进行镇压，擒获暴动矿工800余人，王景参自缢身亡。明景泰三年（1452），朝廷从丽水划出浮云乡和元和乡，建立云和县，加强对这一地区的统治和管理。暴动被朝廷镇压后，一些幸存的矿工流离失所、无家可归。许多年后，他们又回到坑根，在这里定居下来。矿工们拥有一手打石的好手艺，他们就地取材，建造石屋，在自己开垦的梯田上辛勤耕作，过着刀耕火种、男耕女织的农耕生活，这就是最初的"坑根石寨"。虽然暴动被镇压，但是矿工们勇于向封建专制王朝发起挑战、维护自身权益的意志载入史册，为后人敬仰赞叹。

（三）制度要素

注重地形优势的古代战争法则。冷兵器时代，战斗主要依靠近身肉搏，通常情况下，是两军各自布置好战阵，然后交锋，经常出现"伤敌一千，自损八百"的情况，因此占据有利地形，就显得尤其重要，此时山寨就有了据险避寇、筑寨守御之用。以明景泰元年（1450）浮云王景参农民起义为例，起义军与宣平陶得二领导的农民起义军密切配合，在龙泉溪沿岸及银坑重点地区建山寨据点。官府数次出兵镇剿，均被义军打败。后来，义军杨希勉、叶希八等在官府离间、诱惑下投降，陶得二被俘牺牲。王景参此后又多次击溃官军。朝廷派少监阮随、总兵都督陶瑾率兵八千进击浮云，恶战三日，双方死伤惨重，后又抽调大批官兵扎营规溪，兵分三路，王景参起义军才因众寡悬殊失败。官军平息王景参、陶得二起义军事件，体现出山寨这一独特地形在古代战争中的重要地位。

二、核心基因提取与评价

基于对材料的全面、深入分析,本文化元素的核心基因可表述为:"地势险要的山寨遗址""勇抗暴政的自由意志""注重地形优势的古代战争法则"。

云和山寨遗址核心文化基因评价依据

评价项目	评价因子	评价依据(特点)	是否
生命力评价	文化基因存续的时间	自出现起延续至今,未曾明显中断	
		自出现起延续至今,但多次衰微、中断后复兴	
		曾明显衰败,改革开放后开始复兴因历史溯源关键环节缺失,难以考证	
		文化形态主体已灭失,现存部分痕迹	√
	文化基因的稳定性	在发展过程中保持相当稳定的状态	
		在发展过程中存在明显的精神内涵、表现形式剧变	√
凝聚力评价	文化基因的凝聚力及社会动员效果	曾广泛凝聚起区域群体的力量,显著推动过社会经济文化的发展	
		曾部分凝聚起区域群体力量,对社会经济文化的发展产生过影响	√
		凝聚过力量,创造过实际的发展动能,但未见对社会经济文化发展产生显著改变	
		仅在历史文献或口耳相传中存在,未见实际介入社会经济发展	

续表

评价项目	评价因子	评价依据（特点）	是否
影响力评价	辐射的范围	具有全国性、世界性的影响力	
		具有长三角区域、浙江省影响力	
		具有市县、乡镇影响力	√
	提炼的高度	已经被古代文人士大夫和当代学者提炼为精神符号和理念理论	√
		单纯的样式、造型、工艺技术规范	
发展力评价	与当代精神追求和价值观念的契合	传统文化基因得到创造性转化、创新性发展；区域革命文化基因被完整继承、广泛弘扬；区域社会主义先进文化基因成为与浙江"三个地"相适应的文化高地	
		部分转化、部分弘扬、部分发展	√
		难以转化、难以弘扬、难以发展	

说明：基因特点评价是对解码出来的基因，根据本《导则》表2的要求，围绕"四个力"逐一对表打"√"，进行定性表述

（一）生命力评价

云和以山地为主要地形，自古以来地广人稀，交通以水运船载为主，主航道龙泉溪以及几条通往县城的陆路"官道"，当年都曾筑过山寨，留下了鸡公寨、鸡母寨、金岩寨、龙岩寨、高峰寨、虎头寨等山寨遗址，是方便人员集聚和撤离的交通要道和军事要塞。在这些古老的山寨遗址上，农民起义军抵抗官兵、筑寨守御、据险避寇的历史故事传承至今，虽然山寨的原貌已经不再，但是其遗址犹存，故事传说代代流传。因此，"地势险要的山寨遗址""勇抗暴政的自由意志""注重地形优势的古代战争法则"等文化基因的文化形态主体已灭失，但考察现存部分痕迹，可见其在发展过程中存在明显的精神内涵和表现形式的剧变。

（二）凝聚力评价

云和山寨是主航道龙泉溪以及几条通往县城的陆路"官道"的要隘，山寨关系到水路和陆路交通的安全性，是事关地方政治、经济、文化的重要环节，因此，控制、管理好山寨是当地保障社会安定和民众安居乐业的基础。同时，在这些古老的山寨遗址上，也曾经有农民起义军抵抗官兵、筑寨守御、据险避寇的精彩故事，成为当地历史和民俗文化的重要组成部分。因此，云和山寨的核心基因"地势险要的山寨遗址""勇抗暴政的自由意志""注重地形优势的古代战争法则"曾部分凝聚起区域群体力量，对社会经济文化的发展产生过影响。

（三）影响力评价

云和山寨主要位于龙泉溪和云和境内山道，对云和以及周边地区的交通、政治、文化生活产生一定的影响。由于云和山寨的历史故事以及遗址现世留存不多，影响力亦局限于云和县内，因此，其核心基因"地势险要的山寨遗址""勇抗暴政的自由意志""注重地形优势的古代战争法则"虽然在一定程度上被古代文人士大夫和当代学者提炼为精神符号和理念理论，但影响力较为有限，仅局限于市县、乡镇。

（四）发展力评价

在漫长的历史进程中，云和山寨虽然已经消失，但留下了一些遗址和历史故事，成为当地极具地域特色的文化资源。在文旅融合发展的大背景下，通过修缮重建遗址，提炼转化历史故事，可以打造出具有地方特色的文化旅游观光、体验产品，助力地方旅游经济的发展，形成云和旅游金名片。因此，作为云和山寨遗址的核心基因，"地势险要的山寨遗址""勇抗暴政的自由意志""注重地形优势的古代战争法则"与当代精神追求和价值观念十分契合，具有转化、弘扬、发展的潜力。

三、核心基因保存

"地势险要的山寨遗址""勇抗暴政的自由意志""注重地形优势的古代战争法则"为云和山寨遗址的核心基因,《漫话云和山寨》《龙岩寨寨址》《寨岩背寨址》等文字资料保存于云和县文化基因解码调查组资料库,实物材料鸡公寨、鸡母寨、金岩寨、龙岩寨、高峰寨、虎头寨等遗址位于云和县境内。

白鹤尖酱菜

瓯江源头 云和文化基因一

白鹤尖酱菜

白鹤尖酱菜，是民国二十八年（1939）前就开始大规模生产的祖传手工制品。抗日战争时期，白鹤尖酱菜成为云和将士们随身携带"军粮"的一部分，当时已小有名气。

白鹤尖酱菜，又名三都咸菜，其腌制地点主要以白鹤山区为主。白鹤山位于云和三都（今为崇头镇），自宋代起，居住于云邑白鹤尖山区一带的村民，就有腌制酱菜的习俗。

据《云和县志》载，云邑三都有四时腌制主餐菜肴的习俗。村民们不仅在雨雪天气及蔬菜淡季时食用酱菜，而且主妇们还挨家挨户喝着大碗茶，品尝着酱菜拉家常。同时，白鹤尖酱菜也是当地人招待客人的必备菜肴。白鹤尖酱菜体现了崇头镇特色风土人情与生活方式，是值得发展与推广的特色产业文化。

白鹤尖酱菜近代传承人季杨莲，1899年生于云和县崇头镇水澳头村，从小就跟母亲精心学习腌制各种时令蔬菜，她制作的各类酱菜备受欢迎。季杨莲嫁入崇头镇黄家畲村后，将白鹤尖酱菜制作手艺传给女儿叶季香。

叶季香，1927年生，她和自己的母亲季杨莲一样，严格遵守三都咸菜腌制的手工工序。她无数次耳濡目染了母亲腌制酱菜的过程，不经意间全部传承了母亲的酱菜腌制工艺，使三都咸菜成为三都人餐餐不可或缺的菜肴。同时，叶季香也将酱菜腌制工艺传给了自己的女儿石叶女。

1958年出生的石叶女，传承了母亲叶季香的酱菜腌制手艺。石叶女生长于一个物资匮乏的年代。新中国成立后的三十多年，无论是公社社员们在热火朝天的农田里劳作，还是在修路建桥、开山辟林的集体劳动中，三都咸菜都激发了人们的味觉，增进食欲，极大地激发了人们的劳动热情。

1986年出生的张建芬，是石叶女的女儿，在继承了母亲所传授的腌制工艺基础上，摸索出一套低盐化、疗效化、营养化、天然化、标准化的酱菜绿色腌制模式，通过高温杀菌、紫外线杀菌、真空包装、冷藏控温和电脑配方等现代化和规范化生产，将生态环保观念与专业知识相融合，确保了每一个生产环节的绿色、安全、规范、稳定、标准，为酱菜品控穿上了"科技外衣"，并申请商标，将三都咸菜命名为"白鹤尖酱菜"，使存在于白鹤尖山区的有上千年传统的酱菜腌制工艺，走上了品牌化、产业化和规范化的发展之路。

一、要素分解

(一)物质要素

1. "好山好水好空气"的山区环境

白鹤尖酱菜产于"好山好水好空气"的白鹤尖山区。白鹤尖位于云和县崇头镇，海拔1593.1米，为云和县境内最高峰，在东经119°29'与北纬28°02'坐标点上，与牛头山（海拔1297米）、灵漈山（海拔1249米）、鹿角尖（海拔1166米）并称云和四大名山。白鹤尖山上岩石为白色，山峰又像一只鹤，因此而得名。白鹤尖山体常年云雾缭绕，空气湿润，土壤肥沃，植被丰富。春有漫山遍野的红杜鹃，夏有苍翠欲滴的林木，秋有铺天盖地的野山楂，冬有薄雪掩映、脆冰覆盖，雾凇奇观更是大自然赋予白鹤尖的精美艺术品。

灌木落叶与杂草腐质经年累月地堆积，形成了白鹤尖山区特有的土质，为高山蔬菜的生长提供了天然养料。山高而湿冷，杂木生长受限，有灌木而不成林，为高山蔬菜种植提供了生长空间。清同治《云和县志》载："白鹤峰，在县西三十五里，俗呼梅九尖。西山之最高者。上有井泉，祷雨辄应。"白鹤尖充沛的雨水，为茄子、黄瓜、辣椒等需水量较大的高山蔬菜种植提供了丰富水源。而今天的白鹤尖山区已无任何厂矿企业，空气绝对干净清洁。因此，白鹤尖的高山蔬菜得天地之精华、吸日月之光辉，乃真正的绿色有机蔬菜。"好山好水好空气"为白鹤尖酱菜提供了上好的食材原料。

2. 产业发达、人口聚集的历史环境

崇头镇的白鹤尖酱菜历史悠久，最早可追溯至明代。相传明太祖朱元璋奠都金陵之初，因祈雨食素，大臣刘基进献龙、庆、云三县所产香菇，朱元璋食之甚悦。刘基遂奏请皇帝以栽培香菇为上述三县之专利。于是，周边地区便从上述三县聘请菇农至本地种植香菇。据史料载，明代处州府大量菇农从冬至到清明约半年的时间均外出种植香菇。为了解决吃饭问题，这些菇农在外出期间，常常携带家乡的酱菜。

据史书记载，明代在云和设县，是因为其境内的银矿开采与冶炼，而云和县的银矿主要集中在白鹤尖周围。明朝时，白鹤尖银矿开采与冶炼进入高峰期。出土的碑文显示，白鹤尖山区在明代景泰年间（1450—1457）已成为云和银矿基地。随着大量矿工的涌入，三都咸菜也从村民餐桌上的"下饭菜"成为矿工们的"口粮"。

崇头镇北面为瓯江航运枢纽的赤石码头。瓯江是浙江南部重要的航运通道，船工们通过瓯江独木舟、木筏等工具运送货物。由于从上游至下游往来一趟要半个月左右，船工吃住在船上。在此期间，白鹤尖酱菜与鱼鲜相配，就成为船工们的主菜。白鹤尖酱菜不仅是瓯江船工们一日三餐食用的菜肴，还顺着瓯江，沿瓯江向上传至龙泉县乃至安徽省，向下传至温州市乃至福建省。

3. 丰富的酱菜主配料

其主要食材和配料有白黄瓜、白辣椒、白茄子、白萝卜、红辣椒、绿辣椒、紫苏、大黄豆、豇豆、老姜头、大蒜、野生紫姜、笋干、荞头、香菇、

食用盐、醋、料酒、酒糟、大豆油等。

4. 多样的酱菜品类

白鹤尖酱菜的品种主要有豇豆酱、茄子干酱、萝卜干酱、彩色香辣酱、笋干酱、香辣紫苏酱、香辣大豆酱、酸辣萝卜条等，品类极其丰富。

5. 古老传统的腌制器皿和工具

白鹤尖酱菜沿用了前人腌制酱菜的工具，主要有瓷坛和瓷罐。瓷坛主要用于泡制和腌制，粗陶瓷制品坚实，容量大小不一，山区大部分人家都会有备用，一般容量大约为12.5千克。瓷罐主要用来装腌制好的酱菜，因瓷罐器具较厚，能更好地保存腌菜的色香味。

其他器具还有竹筛、竹料斗、竹签、竹连网等，其中竹筛用于挑选即将拿来腌制的食材，竹料斗用于装移食材，竹连网用于晾晒，因竹连网是竹子编的，上下前后的缝隙更适合阳光照射及空气流通。

（二）精神要素

1. 勤劳踏实、勇于创新的精神

白鹤尖酱菜生产环境艰苦，体力劳动强度大，是勤劳踏实的云和人民在实践中得出的独特的蔬菜储存方式，体现了云和前人勤劳踏实、勇于创新的精神。如今，经过几代人的不断完善与创新，形成了白鹤尖山区独居特色的产业文化。

2. 精益求精的匠人精神

白鹤尖酱菜生产手工艺历史悠久，腌制过程要求严格。制作者必须保证原食材精致而洁净，操作细致而严谨。由于是即食食品，其食材选择与腌制过程必须符合或超过国家卫生标准。它对品质的追求可谓是精益求精。

3. 绿色环保的生产理念

白鹤尖酱菜的原食材全部来自"好山好水好空气"的白鹤尖高山蔬菜种植基地，原料生产与供给采取"基地种植＋合作社＋农户种植"的方法，严格按照生产标准选择合作社和种植农户，原食材品质可控，且可追溯。

（三）制度要素

1. 安全可溯源的生产体系

为了让城市顾客了解高山农副产品的生产，体验高山耕作的独特魅力，张建芬在生产基地安装摄像头，通过移动端设备的实时监控，让顾客随时随地了解白鹤尖酱菜的播种、浇水与采摘等全部过程。同时，还为每一款高山蔬菜设置了二维码，让用户可以扫码查询该作物的播种、移栽、生产管理等记录。

2. 规范严谨的生产工艺

白鹤尖酱菜的生产包括8道工序。包括：

第一，精心挑选原食材，洗净（轻泡）后，严格按照时间标准进行晾晒，并按程序进行杀菌处理；

第二，将处理好的食材按标准切割、分级；

第三，按一定比例和时间标准，将食盐等配料拌入分级好的食材中进行腌制；

第四，将腌制好的酱菜经高温杀菌后，进行成品装罐；

第五，按国家食品标准安全生产，遵守每种酱菜腌制的时间标准继续进行手工腌制；

第六，完全腌制好的成品要在车间进行真空封装，封口贴产品生产时间，产品说明书中要有食材、配料简介等；

第七，成品入库冷藏保鲜；

第八，规范出厂合格检验，全程溯源。

3. 以家族为技艺传承纽带

崇头镇的白鹤尖酱菜历史悠久，最早可追溯至明代。曾被菇农、银矿矿工、瓯江船工等食用，拥有悠久的历史文化传统。从明代到今天，三都咸菜的腌制人数众多。但是，将三都咸菜生产产业化、标准化、现代化、生态化与规范化的是张建芬。张建芬不仅将三都咸菜更名为白鹤尖酱菜，还不断改进腌制工艺，与浙江省农科院专家集中攻关了"自然腌制酱菜易高温变质"等难题，在保证食品质量的前提下，延长了白鹤尖酱菜的保质期。就张建芬来看，白鹤尖酱菜的传承谱系具体如下：

第一代为季杨莲，1899年生，已故，云和县崇头镇水澳头村人，从小就跟母亲精心学习腌制各种时令蔬菜，其制作的各类酱菜备受欢迎。

第二代为叶季香，1927年生，云

和县崇头镇黄家畲村人，严守三都咸菜腌制的手工工序。她使三都咸菜成为当地人餐餐不可或缺的菜肴。

第三代为石叶女，1958年生，云和县崇头镇黄家畲村人，传承了母亲叶季香的酱菜腌制手艺。

第四代为张建芬，1986年生，云和县崇头镇叶垟村人，在继承了母亲传授的腌制工艺基础上，摸索出一套低盐化、疗效化、营养化、天然化、标准化的酱菜绿色腌制模式，通过高温杀菌、紫外线杀菌、真空包装、冷藏控温和电脑配方等现代化和规范化生产，将生态环保观念与专业知识相融合，初步构建了一条"基地种植+合作社+农户种植+电商销售+产品深加工"的酱菜腌制完整产业链。

（四）语言和象征符号

清淡爽口，祛腻消肥的口味。白鹤尖酱菜系列是为消费者提供的"下饭菜"与"开胃菜"，不是主餐或正餐食品，而是顾客进餐时的佐餐小菜。白鹤尖酱菜主要定位于中产阶级和白领阶层。由于工作繁忙、生活节奏快，工作于大城市的中产阶级和白领阶层，大鱼大肉与山珍海味进食不断，加重了肠胃负担。而各种快餐虽能够

迅速解决吃饭问题，但营养极不均衡，导致身体虚胖，引发糖尿病、血管梗阻等病症。针对上述问题，白鹤尖酱菜以清淡爽口为主，祛腻消肥，提振味口，促进消化。为了改变传统酱菜偏咸的特点，白鹤尖酱菜尽量少用盐，绝不使用各类添加剂，采取自然保鲜和真空包装法，延长食品保质期。经过改良后的白鹤尖酱菜已得到上海、杭州、宁波等大城市的中产阶级和白领阶层的喜爱。

二、核心基因提取与评价

基于对材料的全面、深入分析，本文化元素的核心基因可表述为："勤劳踏实、勇于创新的精神""精益求精的匠人精神""绿色环保的生产理念"。

白鹤尖酱菜核心文化基因评价依据

评价项目	评价因子	评价依据（特点）	是否
生命力评价	文化基因存续的时间	自出现起延续至今，未曾明显中断	√
		自出现起延续至今，但多次衰微、中断后复兴	
		曾明显衰败，改革开放后开始复兴或历史溯源关键环节缺失，难以考证	
		文化形态主体已灭失，现存部分痕迹	
	文化基因的稳定性	在发展过程中保持相当稳定的状态	√
		在发展过程中存在明显的精神内涵、表现形式剧变	
凝聚力评价	文化基因的凝聚力及社会动员效果	曾广泛凝聚起区域群体的力量，显著推动过社会经济文化的发展	
		曾部分凝聚起区域群体力量，对社会经济文化的发展产生过影响	√
		凝聚过力量，创造过实际的发展动能，但未见对社会经济文化发展产生显著改变	
		仅在历史文献或口耳相传中存在，未见实际介入社会经济发展	

续表

评价项目	评价因子	评价依据（特点）	是否
影响力评价	辐射的范围	具有全国性、世界性的影响力	
		具有长三角区域、浙江省影响力	√
		具有市县、乡镇影响力	
	提炼的高度	已经被古代文人士大夫和当代学者提炼为精神符号和理念理论	
		单纯的样式、造型、工艺技术规范	√
发展力评价	与当代精神追求和价值观念的契合	传统文化基因得到创造性转化、创新性发展；区域革命文化基因被完整继承、广泛弘扬；区域社会主义先进文化基因成为与浙江"三个地"相适应的文化高地	
		部分转化、部分弘扬、部分发展	√
		难以转化、难以弘扬、难以发展	

说明：基因特点评价是对解码出来的基因，根据本《导则》表2的要求，围绕"四个力"逐一对表打"√"，进行定性表述

（一）生命力评价

"勤劳踏实、勇于创新的精神""精益求精的匠人精神""绿色环保的生产理念"作为白鹤尖酱菜的核心基因，是中华民族优秀的民间文化遗产之一，有近百年的历史，其发展传承的过程相对稳定，具有较强的生命力。

（二）凝聚力评价

"勤劳踏实、勇于创新的精神""精益求精的匠人精神""绿色环保的生产理念"作为白鹤尖酱菜的核心基因，具有较强的传统继承性和凝聚力，是勤劳、善良的云和人民的精神财富，凝聚力强大。

· 204 ·

（三）影响力评价

"勤劳踏实、勇于创新的精神""精益求精的匠人精神""绿色环保的生产理念"为白鹤尖酱菜的核心基因，其基因辐射范围早已超出云和县范围，具有全省影响力。

（四）发展力评价

"勤劳踏实、勇于创新的精神""精益求精的匠人精神""绿色环保的生产理念"为白鹤尖酱菜的核心基因，与绿色生态农业和乡村振兴战略相吻合，发展潜力强大。

三、核心基因保存

"勤劳踏实、勇于创新的精神""精益求精的匠人精神""绿色环保的生产理念"为白鹤尖酱菜的核心基因,文字资料《白鹤尖酱菜》保存于云和县文化基因解码调查组资料库,实物资料白鹤尖酱菜保存于云和县白鹤山区。

王家祠堂

瓯江源头　云和文化基因

王家祠堂

王家祠堂位于云和镇司前巷20号，始建于元代延祐元年（1314），并于明宣德元年（1426）由族人王海澄捐资扩建完成，其后历经明、清两代数次修葺，现存建筑多数构架为清代咸丰五年（1855）修葺所留。1991年7月公布为县级文保单位，目前正在实施保护性修缮。

王家祠堂坐北朝南，通面宽18米，通进深36米，占地面积659平方米。总体布局分为三进：门厅、序伦堂、寝堂。各进之间设天井，天井两侧分别设厢房，空中俯视呈"日"字型。祠堂内均为单层木结构建筑，硬山顶，小青瓦阴阳合铺，叠瓦式屋脊，土筑封火墙垣，抬梁、穿斗混合梁架。祠内厅堂、廊弄地面用方砖铺地，鼓墩式石柱础，正方形柱顶石，门墙嵌八字门。主殿中柱用石材，柱上有书法俊美的楹联诗句石刻和名人题款。

王家祠堂这一支王氏在本地又称"中街王氏"，郡望太原。本支王姓系出姬姓。周灵王太子晋，字子乔，受封太原，人称之曰王子，此为王氏肇姓之祖。传至秦名将王翦曾孙二十世之王元，因居山东琅琊，号曰琅琊王。

传至四十一世王昱（王羲之父亲）以右将军出守会稽，遂留居东浙；至四十八世王肃（羲之六世、徽之五世孙），仕北魏为辅国将军，封安国侯而成江东始迁祖；传至六十三世王孝，居江西南昌石磕村，子王朴为后周知枢密院事；至六十七世王沔初仕福建时娶妻林氏，累官参知政事，携长子赴京，留次子随母侨居福建松溪望京墩林家垟，入籍福建。

至七十世王元（又名王元清），出使辽国二十五年，不辱使命，回国后封朝散大夫，并任处州（丽水）刺史。生三子，曰惟善、惟孝、惟良，分居龙泉、丽水、松阳三县。惟孝居云和柘野（当时云和属丽水）。因此，云和中街王氏以王元为始迁祖。

此后分居本县重河、村头、长田、贵溪、竹园山、沈村、云坛、小岗、高垟、王山头、张源头、赤石、古路桥等村庄，并外迁青田、泰顺、景宁等县，成为云和著姓大族。

云和王氏历代名人辈出，自宋至清共有进士4人，举人3名，荐辟5人，贡生120余人。如王抱（1093—1165）大观四年（1110）第进士、官大理寺评事；十九世祖王有榘（1405—1459）由儒士仕上林苑监丞；二十三世祖王一卿（1526—1588）由直隶凤阳知县累迁云广兵巡。此外，还涌现出了一批文学、诗词、书画、医学等方面的名家，如王树英、王士鈖等。

始祖王元（955—1035），字常侍，本籍江西石磕村。登景德年间进士，初授延平令，奉使辽北。归封朝散大夫，擢处州刺史。范仲淹、欧阳修咸以诗赠行。莅官贤能，有惠政。致仕后，占籍西阳乡之桑田（今柘野）。

王抱（1093—1165），字素抱，王元之孙。大观四年（1110）进士及第，以《春秋》释褐，授乌程主簿，旋擢大理寺评事。勤敏莅政，廉洁律己。尝曰"食君之禄，当秉赤心"，群吏咸相劝。比谢政，宦囊萧然，子孙以清白世其家。

王挺，字立之，云和坊郭人，由人材荐授闽清县尹。莅官清洁，卓有政声。

王严（1258—1343），字敬之，王挺之弟，少负俊才，善词赋，咸淳（1265—1274）末以宣慰李公钰荐授官，固辞。恬淡终身。尝捐资砌浮云石（浮云街，今云和解放街）四百七十余丈，人多其义行焉。

王海澄（1375—1446），字庶康，操行醇谨，素以孝弟称。居乡拯患恤贫，推恩无少吝，捐资建王氏宗祠及桂林义塾。晚年在凤凰山自建云谷轩，栖息其中，自号乐善居士，庐陵人曾荣有《乐善居士云谷轩记》记载其人其事。

王有榘（1405—1459），王海澄之子，字存诚，号雪窗，又号如愚，以字行。由儒士仕上林苑监典簿，寻擢上林苑监丞。

王一卿（1526—1588），字怀彬，云和县城人。明嘉靖四十年（1561）中应天乡试举人。初授直隶凤阳县令，致力于整肃衙门、废除冗费、建立义仓、服救灾民、兴修水利、安抚孤贫，颇有建树，《凤阳名宦传》载其十大政声。逾三年改任刑部主事。万历四年（1576）出任广西按察使兵巡道，驻节苍梧（今梧州市）。万历六年（1578），兼任云南按察使兵巡道，分兵驻扎洱海（今楚雄市）。戍边八年，使边疆人民得以安居乐业。万历十二年（1584），辞官还乡，著有《怀彬奏议》一卷。万历十六年（1588）在云和逝世，朝廷赐以王公礼仪，葬于飞凤山。1987年水电部第十二工程局拨款重修其陵墓。今已成为紧水滩库区旅游点。

王家较（1651—1721），云和县城人。清康熙十三年（1674），父被耿精忠叛军掳至景宁县大均村，严刑拷打，逼取白银。时家较自外归，知父被掳，悲愤无已，遂与家人诀别，剪发付妻，前去大均代父受刑。叛军欲杀之，家较不惧，后父子被释放回家。人谓其诚孝感动天地。雍正十三年（1735），处州知府请准朝廷在县前街建孝子坊。

王树英（1770—1817），字毓才，号竹溪，别号烟霞啸客，后更号兰琴。云和城内人，嘉庆二十一年（1816）

恩贡生，幼年聪颖异常，通经史，善吟咏。文藻、书翰并擅绝一时。学使阮文元梓入《浙江诗课》。嘉庆十一年（1806）知县陈治策邀请其主编《云和县志》二十卷，著有《古愧书屋诗篇文稿》《少时赋稿》《幼时咏彦》等10余卷。

王树英生平个性刚直，对贫苦乡邻极为怜恤，16岁时写五古《催租吏》。嘉庆元年（1796），全县大饥，据实写下《闹饥》一首。两诗把恶吏催租搜刮、欺凌百姓之凶残阴险暴露无遗。此外，他还善金石、通音律，尤擅行、草两书。

王士鈖（1825—1879），字蕴生，号筱珊，云和县城人。清咸丰十一年（1861）拔贡。学识丰富，无意仕途，潜心著述。不仅精诗文，且于戏剧、宗教、地理、书画等也颇有研究。著有《文稿》《书画船庵赋钞》《燕台诗存》《懒云小舍诗稿》《江河源流辨》《幻云楼记》等20余卷。咸丰年间（1851—1861），被推为续修《云和县志》总纂，历经七八年，于同治三年（1864）完成志稿16卷。在建筑设计上具有特殊才能，所设计的云和县署共108间。36个天井，72对门窗，间间精巧，光线充足，是清代设计较完美的县署之一。直至1958年5月，为历代县治住所，长达百年。

王家祠堂历史悠久，数度兴衰，见证了云和县各个历史时期的经济文化和社会发展，在抗日战争时期曾为浙江省警察大队、浙江省船员工会联合会临时办公场所。其布局合理规整，牛腿等雕刻精美，石柱上题刻楹联书法俊美、浑厚大气，有较高的历史、艺术、科学价值。

一、要素分解

（一）物质要素

1. 抗战时期的革命根据地

抗日战争后期，浙江省政府机关、工商企业、学校等大举南迁至松阳、龙泉、云和等地。其中省政府曾驻云和，历时三年两个月时间（1942年7月—1945年9月）。当时云和人民重大家，轻小家，军民团结、同仇敌忾，为夺取抗日战争胜利做出了不可磨灭的贡献。

在省政府机关南迁时期，云和留下众多当年政府要员、爱国华侨、进步人士、文人雅士的活动遗迹，如周恩来同志，当时的省政府主席黄绍竑，爱国华侨陈嘉庚，爱国诗人、文艺理论家冯雪峰，教育家俞子夷、陈怀白，吕公望将军，文化界名流余绍宋、许绍棣等都来过。如今，云和瓦窑村还保留着黄绍竑先生住过的公馆。同时，作为抗战后方基地，与政府机关一起南迁的还有大批学校（如浙大迁龙泉）、民族企业等。当年，云和人民为抗日战争输送了大批优秀人才，也为新中国解放事业培养了许多优秀儿女。抗日战争期间还取得了方山岭大捷，创办了战时兵工厂。

而当时的王家祠堂也作为浙江省警察大队部（大队长为俞式）和浙江省船员工会联合会（常务理事为曹振）的办公场地，

起着不可估量的作用。

2. 精美的名人石刻

祠堂主殿内有八根粗大石柱，阳面刻有楹联包括落款四副，为当时知县李鸿等人留题，其内容多为颂美赞誉之词，乏有新意，但其石刻工艺精致，书法艺术俊美飘逸，且包含诸多人文信息，有较高价值。

具体内容由外及里如下：

（1）序伦堂内檐柱（近寝堂侧）上楹联

上联：五桂联芳，家声指月；

下联：双溪厚秀，族望标云。

注：无落款，行书字体。双溪，指云和城内的浮云溪和黄溪。

（2）寝堂金柱（檐口侧）上楹联

上联：德厚传家，愿无忘祖训；

下联：吉蠲告庙，宜各展孝思。

（3）寝堂中柱上楹联及落款

上联：族望著松川，二千石括郡分藩，永钦祖德；

下联：宗基开箬市，五百年槐堂首构，雅羡孙谋。

落款：前署云和县知县元和高毓岱顿首拜撰，咸丰五年岁次己卯孟冬月中浣穀旦。

注：行楷字体。松川，指松古平原一带。箬市，云和又名箬溪。括郡，指丽水。

（4）寝堂内柱上楹联及落款

上联：槐省著家声，缅昔年星使御恩刺括，永留□绩；

下联：桂林崇庙貌，喜今日云孙踵武采真，重焕新模。

落款：赐进士出身文林郎前任云和县知县李鸿顿首拜撰，咸丰五年岁次己卯孟冬月中浣穀旦。

注：行楷字体，落款上並有李鸿印章一枚。采真，云和旧称。括，今丽水。

3. 王家祠堂的悠久历史文化

要说王家祠堂的历史沿革，先得说王家先世的历史。

北宋年间，宋辽交战，朝廷遣王元（955—1035）奉命出使辽北，虽辽主萧太后多方诱降，但他凛然不变节，因此被扣留长达二十五载，直至宋辽议和后才得返宋，时已年过七旬。朝廷表其功，赐厚禄封赏，宋仁宗天圣四年（1026）擢处州知府，令其颐养天年。

宋仁宗天圣五年（1027），王元视浮云山川形胜，为风水宝地，遂将家眷从江西迁居浮云柘野（后山），为云和王姓始祖，族人亦随附之，此后王姓就在云和大地世代繁衍，生生不息，成为云和第一望族。

到了元代，云和王姓第十二代祖王挺、王严兄弟时，人丁渐旺，家底殷实。弟王严出资建造云和最早的街道浮云街（又称王姓街，即如今解放街老街段），街道长四百七十余丈；兄王挺出资建造王家祠堂，元代延祐元年（1314）祠堂落成，同时规定以后每五年以祠堂岁租用作祠堂小修。

王严五世孙王海澄（1375—1446）

官至兵部侍郎。王海澄在明代宣德元年（1426）出稻谷600石，率族人扩建了王家祠堂，至此大致形成今天的规模和格局。扩建完成后，其子王有标捐租田10.9亩、钱3200文，建立永久的"岁修田"。同时，在祠内创办"义塾"，免费招收族内子侄及乡邻贫苦儿童入学就读。

此后，王家祠堂经历代多次大小修葺，也曾几番兴废，但基本格局规模未有大的变动，保留至今。

明嘉靖年间，族人王一卿（王海澄后第5代）官拜兵部侍郎，后出任广西按察使兵巡道，在其捐资倡议下，祠堂再度扩建。如今，祠堂西首仍保留王一卿故居。

清代咸丰五年（1855），祠堂进行了大规模重修，如今的祠堂主要梁架构件多数为此次重修时所留。

清咸丰八年（1858）至同治元年（1862），太平军先后转战云和，王氏宗祠遭受一些损坏。

之后，祠堂没有大的修缮。解放后，祠堂一度被无房户占用，面貌损毁严重。

1991年7月，祠堂被公布为县级文保单位。最近正在进行保护性修缮。

4. 节庆活动的文化场所

旧时，由于王家祠堂所处位置为人口密集区，且祠堂旁有开阔的场地，利于群众开展节庆活动，所以王家祠堂一直都是群众举行大型庙会与集市活动的好场所。以前，祠堂旁还搭建有戏台，逢年过节都会在此唱戏。云和至今在农历正月期间，舞狮子、舞"板凳龙"，尤其到正月十五闹元宵时，活动到达高潮。

（二）精神要素

不忘初心、坚守教育的家族传统。云和王家世代保留耕读文化传统，家族内十分重视对宗族子弟的教育，在祠堂创办私塾为宗族子弟教育服务。因此王家历代文风斐然，族人人才辈出。

除此之外，明清两代，王家还利用宗族祠堂地租收入和祠堂现有设施开办义塾，资助贫寒子弟入学受教，造福一方百姓。

王家祠堂义塾在清代规模鼎盛时期，收学生多达上百人。对学生的入学年龄、学习内容及教学水平等，均无统一的要求和规定。一般学习内容为《三字经》《百家姓》《千家诗》《童蒙须知》等，学生进一步则读四书五经、

《古文观止》等。教学内容以识字习字为主，还十分重视学诗作对。

辛亥革命后，义塾改为王氏小学。民国十五年（1926）后改为高等小学，解放后停办。在此期间，大部分经费来源皆为王家祠堂的祠堂田租。

可以说，王家祠堂在云和早期文化教育体系中扮演着相当重要的角色，承载了大量人文教育史遗迹，为云和教育史作出了不可磨灭的贡献。

二、核心基因提取与评价

基于对材料的全面、深入分析，本文化元素的核心基因可表述为："抗战时期的革命根据地""王家祠堂的悠久历史文化""不忘初心，坚守教育的家族传统"。

王家祠堂核心文化基因评价依据

评价项目	评价因子	评价依据（特点）	是否
生命力评价	文化基因存续的时间	自出现起延续至今，未曾明显中断	√
		自出现起延续至今，但多次衰微、中断后复兴	
		曾明显衰败，改革开放后开始复兴或历史溯源关键环节缺失，难以考证	
		文化形态主体已灭失，现存部分痕迹	
	文化基因的稳定性	在发展过程中保持相当稳定的状态	√
		在发展过程中存在明显的精神内涵、表现形式剧变	
凝聚力评价	文化基因的凝聚力及社会动员效果	曾广泛凝聚起区域群体的力量，显著推动过社会经济文化的发展	√
		曾部分凝聚起区域群体力量，对社会经济文化的发展产生过影响	
		凝聚过力量，创造过实际的发展动能，但未见对社会经济文化发展产生显著改变	
		仅在历史文献或口耳相传中存在，未见实际介入社会经济发展	

续表

评价项目	评价因子	评价依据（特点）	是否
影响力评价	辐射的范围	具有全国性、世界性的影响力	
		具有长三角区域、浙江省影响力	√
		具有市县、乡镇影响力	
	提炼的高度	已经被古代文人士大夫和当代学者提炼为精神符号和理念理论	√
		单纯的样式、造型、工艺技术规范	
发展力评价	与当代精神追求和价值观念的契合	传统文化基因得到创造性转化、创新性发展；区域革命文化基因被完整继承、广泛弘扬；区域社会主义先进文化基因成为与浙江"三个地"相适应的文化高地	√
		部分转化、部分弘扬、部分发展	
		难以转化、难以弘扬、难以发展	

说明：基因特点评价是对解码出来的基因，根据本《导则》表2的要求，围绕"四个力"逐一对表打"√"，进行定性表述

（一）生命力评价

王家祠堂，通面宽18米，通进深36米，占地面积659平方米。总体布局分为三进：门厅、序伦堂、寝堂。各进之间设天井，天井两侧分别设厢房，空中俯视呈"日"字型。

王家祠堂经历了数百年的变迁，主体建筑整体格局还算基本完好地保存下来，但由于解放后被当地多家住户长期占用，致使面貌混乱不堪，污染严重，室内隔间变动较大，加之多年未加修缮，有些甚至破败不堪。

祠堂主建筑室内梁架多数为清咸丰年间修建所留，至今也有一百五十多年了，木构有所腐蚀变形在所难免，所幸整体结构依然稳固结实。此外，建筑基础沉降问题不大，墙体有些剥损，瓦片有些许残缺破碎，大门面貌变化较大，地面铺装多处破坏。

祠堂室内牛腿雀替等精美木构部分与石柱上石刻题款等工艺价值较高部分都基本保存完好，特别是石柱上的石刻，稍加清理依然如新。

祠堂附属建筑与院落内的公共场地部分，破坏得就比较厉害了。祠堂周边原有外围院墙，拱券门、祠堂通道等虽有留存，但已面目全非，原院墙内空基坪和戏台等设施基本被毁。

1991年公布为县文保单位后，祠堂主体产权为公有，属县人民政府，由房改办和王家族人共同管理。如今，计划采取保护性修缮措施，已将原住在祠堂内的住户迁出，并将管理权划归文物管理办公室。

（二）凝聚力评价

历史上，王家祠堂除了用于族人正常祭祀活动外，还在旁边建有戏台，宽阔的晒谷场及广场。当地人逢节庆日常在此举办大型庙会与集市等活动。特别是逢年过节，还要在此舞狮舞龙、燃放烟火。

除此之外，清代前，祠堂还用田租开办义塾，让当地百姓子弟入私塾学习。辛亥革命后，义塾改为王氏小学，由王树根、王若浮经管。民国十五年（1926）后改为高等小学。在此期间，大部分经费来源皆为王家祠堂的祠堂田租。抗日战争期间，浙江省政府南迁至云和，因王家祠堂场地大，有宽阔平整场地适合操练，被当时的浙江省警察大队征用。同时，浙江省船员工会联合会也在此办公。解放后，祠堂逐渐荒废。

1949年5月，用作县织布厂。1950年后，用作云和县食品公司、供销社、服装社、烟糖公司、农械厂等单位无房户职工宿舍，由县房管会管理。前几年，仍居住着何建平等11户。直到2008年，政府实施王家祠堂保护性修缮方案后，祠堂内住户才陆续搬走。

祠堂外的空阔场地，在特殊年代也遭到毁灭性破坏，先是在晒谷场空基处陆续建起民房，然后祠堂外围墙和通道均遭破坏。1990年还在剩余空地处搭起简易菜市场，直到21世纪初菜场才搬走。2008年5月成立勤俭村老年协会，临时在此办公，空地处成为老年活动中心。

（三）影响力评价

云和王姓人才辈出，声望显赫。王家祠堂延绵六七百年，其间几度兴废，至今仍较好地保留下来，不但见证了王氏一门辉煌的历史，也可以说是云和早期政治文化、社会发展水平、风土人情的一个缩影，很好地记录了浙南地区早期社会文化历史和民俗文化历史。

王家祠堂在抗日战争期间为浙江省警察大队、浙江省船员工会联合会临时办公场所，真实反映了当时的社会、政治、经济和人文背景。

王家祠堂规模宏大，布局工整，层次分明，建筑特点鲜明，为浙西南山区传统乡土宗祠建筑的典型代表。其室内牛腿雀替等木构雕刻精美，有相当高的建筑艺术审美价值。主殿内石柱上的题刻和落款，文化内涵丰富，文字书法飘逸俊美，石刻工艺精湛，雕刻技法纯熟老练，具有很高的艺术欣赏价值。

王家祠堂文化内涵丰富，涉及面广，几乎涵盖了以云和为代表的浙南地区从元明时期以来的社会变革、经济发展、人口变迁、宗俗礼仪、私塾教育等内容，并且见证了浙江省政府南迁至浙南地区的历史，承载了抗日战争时期特定的社会、政治、经济和人文密码信息，是研究古代民俗文化、人口变迁历史、古代教育制度、浙江抗战史、名人文化、宗祠建筑文化等课题的重要实物佐证，具有较高的科学研究价值。通过探索、解密其文化信息内涵，并加以整理发掘和研究，可为历史学、人口学、社会学、宗祠建筑、民俗文化、古代教育史等学科提供研究课题或研究素材。

（四）发展力评价

政府将组织史学专家、文化学者、院校科研机构和旅游管理部门等开展"王家祠堂"保护和开发方面的研究，充分挖掘其历史文化内涵。进一步明确下一阶段保护开发目标，科学合理地编制今后的保护规划，系统完善地制定保护方案，周到细致地落实保护措施。结合抗日战争时期浙江省省会搬迁云和的真实历史，积极宣传"王家祠堂"的历史文化价值，提高群众对文物的保护意识。

近期需抓紧完成"王家祠堂"保护性修缮，最大限度地恢复其历史面貌；拆除或改建周边影响"王家祠堂"

面貌的老年活动中心，使周边建筑物风格与王家祠堂更加协调；提升王家祠堂的人文景观层次，争取将王家祠堂维修保护经费纳入年度财政预算；积极申请王家祠堂为省级文物保护单位，从而使保护工作经费有更好的保证。

王家祠堂位于市区，留下众多人文史迹与民间传说，几乎成为云和早期历史的缩影。抗日战争期间，云和曾为浙江省临时省会所在地。云和同时也是浙江省人民政府授予的"革命老根据地县"之一，据此背景，将王家祠堂规划为反映云和早期社会历史变革、经济文化、民俗风情等的陈列馆，并展示抗日战争时期省会搬迁至云和的政治文化和人文社会情况，开展爱国主义教育，同时也促进文化事业的发展，充分挖掘当地旅游资源。

三、核心基因保存

"抗战时期的革命根据地""王家祠堂的悠久历史文化""不忘初心,坚守教育的家族传统"为王家祠堂的核心基因,《第六批浙江省文物保护单位推荐材料——王家祠堂》等9篇文字资料保存于云和县文化基因解码调查组资料库。王家祠堂位于云和镇司前巷20号。

沙铺山歌

瓯江源头 云和文化基因

沙铺山歌

沙铺山歌在云和县沙铺一带山区盛行，从云和畲、汉族民间"做功德"习俗中衍变派生而来。"做功德"是亲人为亡者超度而举行的传统祭祀仪式，在仪式中，由功德先生诵唱沙铺山歌，众人和唱一些缅怀和思念的山歌，并通过法师念古经、鸣龙角、击灵刀等形式载歌载舞完成，带有祭祀色彩。随着时代的变迁，这种曲调简单的演唱形式逐渐从单一的习俗中脱胎出来，发展为内容更宽泛和独立的一种民间音乐演唱形式，完成了质的转变。

沙铺村于雍正九年（1732）建村，以项氏为大姓。据《项氏族谱》记载，项氏在当地已延续三十九世。据健在的项氏做功德的传人项朝堃回忆及查《项氏族谱》，证实从项氏三十二世祖国恩公（生于嘉庆七年，即1802年，法名法灵）始，就传承做法师，诵唱山歌，到朝字辈已有四代，距今近200年历史。偏远闭塞的自然环境和淳朴深厚的民风民俗，使得这一带山区民间文化活动频繁，其中尤以唱山歌最盛。

山歌作为山区农民最熟悉最喜爱的一种艺术形式，其古朴优雅、委婉动听的艺术风格，积淀着独特的传统文化，承载着深厚的历史内涵，反映了山民独特的审美理想和艺术情趣。沙铺山歌经过一代又一代人的口耳相传，通过歌本传记及人们现编现唱等形式发展到今天，题材广泛，曲目也日益丰富，涉及生产、生活乃至唱史等各个层面。沙铺人喜爱山歌，他们唱着山歌去打柴，哼着小调去放牛，吼着号子去收割，吹着唢呐闹喜事，山歌成了沙铺百姓不可缺少的自娱自乐的民间艺术形式。沙铺山歌按题材分有风俗歌（婚嫁歌、丧葬歌）、劳动歌、宗教歌、时政歌、情歌等。代表作品有《蚕儿吐丝在肚间》《测妹心肠靠歌声》《郎妹情义重过山》等情歌，有控诉旧社会的《帮工歌》《种田歌》《四季茶娘》和反映现代新农村新农民生活的《农村新歌》《家有青山不烧柴》等时政歌，有劝诫世人积极向上的《劝君要走正规道》《君子莫想别人妻》等山歌，真实反映广大劳动人民的思想感情。

一、要素分解

（一）物质要素

1. 风景宜人、文化昌盛的环境

沙铺村地处山区，交通条件较差，经济欠发达，但自然环境较好，风景宜人。独特的自然条件孕育了独殊的人文景观，民间文化活动频繁，尤以唱山歌最盛。

2. 丰富的山歌曲目

沙铺山歌口耳相传，通过歌本传记及人们现编现唱等形式发展到今天，题材广泛，曲目日益丰富，涉及生产、生活乃至唱史等各个层面，有风俗歌（婚嫁歌、丧葬歌）、劳动歌、宗教歌、时政歌、情歌等。

目前已收集各类沙铺山歌300余首，代表作品包括：

（1）情歌，如《十八花妹》《别处开花再相逢》《测妹心肠靠歌声》《郎妹情义重过山》《郎是花线妹是针》《一支毛竹两片开》《情郎来到小妹家》《蚕儿吐丝在肚间》《郎在上村妹下村》《妹送情哥去当兵》等。

（2）风俗歌，如婚嫁歌、丧葬歌等，主要作品《合欢歌》《抬新娘》《少年夫妻一朵花》《囡归娘家脚头轻》。

（3）劝学劝诫类的生活歌及小调，如《保得后门青山在》《和睦歌》《盘花》《修行歌》《不知爷娘带我苦》《春来工紧莫偷闲》《君子莫想别人妻》《恩爱还是自己妻》《劝君要走正规道》《花雕蜓》《看花灯》《贼骨头》《叫我唱歌便唱歌》《山歌要唱山歌头》《人老不能身转嫩》《四支山歌好过年》《屋前屋后唱好歌》《相爱莫怕旁人讲》等。

（4）时政歌，如《帮工歌》《种田歌》《四季茶娘》《家有青山不烧柴》《农村新歌》《见亲歌》等。

（5）生产歌，如《插田插到秧地丘》《一重青山一个村》《新打锄头阵阵光》等。

3.广泛的创作题材

沙铺山歌题材丰富，取材广泛，分为情歌、小调（礼仪歌、劝学劝诫歌）、劳动歌（劳动号子、田歌）、时政歌、节令歌、风俗歌等。表演形式有独唱、合唱、男女对唱等，以二胡、锣鼓等乐器伴奏。沙铺山歌代表性作品有青年男女传情表意的《蚕儿吐丝在肚间》《测妹心肠靠歌声》《郎妹情义重过山》等情歌；有控诉旧社会的《帮工歌》《种田歌》《四季茶娘》和反映现代新农村新农民生活的《农村新歌》《家有青山不烧柴》等时政歌；有劝诫世人积极向上的《劝君要走正规道》《君子莫想别人妻》等山歌，真实反映广大劳动人民的思想感情。

4.丰富的乐器、道具和服饰

沙铺山歌的乐器、道具、服饰较多，具体包括以下几类：

（1）乐器。平时唱时并无乐器伴奏，做功德唱时有二胡、唢呐、锣鼓、钹等乐器伴奏。

（2）道具。劳动生产时随意而唱，没有道具；做功德唱时，有龙角、教杯、震铃、灵刀、戏鞭、圣旨等道具。

（3）服饰。平时唱，着平常服装；

做功德唱时，道士先生着道士衣、头红、丝裙。

（二）精神要素

古朴优雅、委婉动听的艺术风格。沙铺山歌以其古朴优雅、委婉动听的艺术风格，反映了山民独特的审美理想和艺术情趣，不但为本乡本土民众所喜爱，而且受到县、市艺术界的赞赏，具有较高的艺术欣赏价值和审美价值。沙铺人喜爱山歌，他们唱着山歌去打柴，哼着小调去放牛，吼着号子去收割，吹着唢呐闹喜事。山歌成了沙铺百姓不可缺少的自娱自乐的民间艺术形式。

（三）制度要素

1. 口耳相传、歌本传记的传承方式

沙铺山歌经过一代又一代人的口耳相传，通过歌本传记及人们现编现唱等形式发展到今天，题材广泛，曲目也日益丰富，涉及生产、生活乃至唱史等各个层面。目前沙铺山歌的民间歌手有项朝存、项德盛、程美芳等人。这些都是沙铺山歌的传承人，在村委的重视下，还成立了沙铺村山歌演唱队，参加县市的大型文化活动。

2. 科学合理、接近民众的传播和保护方式

近年来，云和县通过搜集、记录、分类、整理、改编、编目等方式，为

沙铺山歌建立完整的档案，同时用文字、录音、录像、数字化多媒体等手段，对沙铺山歌进行真实、全面、系统的记录，并积极搜集有关原始资料、原始实物，妥善保护并合理利用。

当地通过社会活动和学校教育，通过举办山歌比赛等途径，使该项非物质文化遗产的传承后继有人，能够继续作为活的文化传统在青少年当中得到继承和发扬。此外，当地还利用举办艺术节、展览、观摩、培训等形式，通过大众传媒和互联网的宣传，加深公众对该项文化遗产的了解和认识，促进社会共享。

3. 古老传统的祭祀仪式

沙铺山歌在我县沙铺一带山区盛行，最初从云和畲、汉族民间"做功德"习俗中衍变派生而来。该习俗是亲人为亡者超度而举行的传统祭祀仪式，沙铺山歌在仪式中由功德先生诵唱，众人和唱一些缅怀和思念的山歌，并通过法师念古经、鸣龙角、击灵刀等形式载歌载舞完成，带有祭祀色彩。随着时代的变迁，这种曲调简单、易于表现人们情感的演唱形式逐渐从单一的习俗中脱胎出来，成为内容更宽泛和独立的一种民间音乐演唱形式，完成了质的转变。

（四）语言和象征符号

1. 古朴优雅、委婉动听的艺术风格

山歌作为山区农民最熟悉最喜爱的一种艺术形式，其古朴优雅、委婉动听的艺术风格，积淀着独特的传统文化，承载着深厚的历史内涵，反映了山民独特的审美理想和艺术情趣。

2. 富有特色、风格鲜明的山歌风格

沙铺山歌句式对称，一般为双句、七字句式，修辞手法有比喻、双关、对比、排比和嵌谜等，表演形式有独唱、齐唱、男女对唱等，使用本地方言演唱，以二胡、锣、鼓等乐器伴奏，歌词通俗易懂，具有鲜明的地域性、历史传承性和劝谕性。山歌多在野外劳作时演唱，其曲调高亢嘹亮，节奏自由悠长。唱腔可分以下三类：高腔山歌，声音高亢嘹亮，拖腔较长，速度较自由，多为男女在山野唱，用假声喊"火——喂"结束；平腔山歌，声音嘹亮悠扬，稍带拖腔，速度正板稍自由，唱歌者以本嗓真音演唱；低腔山歌，音调柔和优美，节奏性较强，音程进行平稳，近似于民间小调。另外，儿童耍歌曲调轻松活泼，节奏性

强,多为小孩在野外玩耍时演唱,代表作品如《花雕蜓》《贼骨头》等。风俗歌如《送葬歌》等,音调底沉而浑厚,有的凄楚而婉转,有的则带有浓厚的戏剧味,为民间专业艺人演唱。

3. 精炼简洁的山歌词曲

山歌是一种口耳相传的艺术,每一首流传至今的曲目都经过了千人唱、万人传,并在不间断的实际锤炼中,经由歌者们反复推敲而日益变得精炼成熟。这是一个永远不会结束的创作过程。在这一过程中,歌手们所遵从的最重要的美学原则就是简洁、精炼,即无论词曲,都以最简洁、明畅、质朴的语言与技法来表达人们的所见、所闻、所思、所感。凡是达到这个要求的山歌,会成为一首经典之作被保留、传唱;凡是不能达到这个要求的,或被淘汰,或被继续打磨。

二、核心基因提取与评价

基于对材料的全面、深入分析，本文化元素的核心基因可表述为："丰富的山歌曲目""古朴优雅、委婉动听的艺术风格""口耳相传、歌本传记的传承方式"。

沙铺山歌核心文化基因评价依据

评价项目	评价因子	评价依据（特点）	是否
生命力评价	文化基因存续的时间	自出现起延续至今，未曾明显中断	√
		自出现起延续至今，但多次衰微、中断后复兴	
		曾明显衰败，改革开放后开始复兴或历史溯源关键环节缺失，难以考证	
		文化形态主体已灭失，现存部分痕迹	
	文化基因的稳定性	在发展过程中保持相当稳定的状态	√
		在发展过程中存在明显的精神内涵、表现形式剧变	
凝聚力评价	文化基因的凝聚力及社会动员效果	曾广泛凝聚起区域群体的力量，显著推动过社会经济文化的发展	
		曾部分凝聚起区域群体力量，对社会经济文化的发展产生过影响	√
		凝聚过力量，创造过实际的发展动能，但未见对社会经济文化发展产生显著改变	
		仅在历史文献或口耳相传中存在，未见实际介入社会经济发展	

续表

评价项目	评价因子	评价依据（特点）	是否
影响力评价	辐射的范围	具有全国性、世界性的影响力	
		具有长三角区域、浙江省影响力	√
		具有市县、乡镇影响力	
	提炼的高度	已经被古代文人士大夫和当代学者提炼为精神符号和理念理论	
		单纯的样式、造型、工艺技术规范	√
发展力评价	与当代精神追求和价值观念的契合	传统文化基因得到创造性转化、创新性发展；区域革命文化基因被完整继承、广泛弘扬；区域社会主义先进文化基因成为与浙江"三个地"相适应的文化高地	
		部分转化、部分弘扬、部分发展	√
		难以转化、难以弘扬、难以发展	

说明：基因特点评价是对解码出来的基因，根据本《导则》表2的要求，围绕"四个力"逐一对表打"√"，进行定性表述

（一）生命力评价

"丰富的山歌曲目""古朴优雅、委婉动听的艺术风格""口耳相传、歌本传记的传承方式"是本文化元素的核心基因。休闲娱乐一直是沙铺山歌的基本功能，今天，山歌爱好者主要是深受传统文化影响的农村中老年人，可以为他们提供一个交流的平台，给他们以精神上的寄托和情感上的慰藉。

（二）凝聚力评价

"丰富的山歌曲目""古朴优雅、委婉动听的艺术风格""口耳相传、歌本传记的传承方式"为沙铺山歌的核心基因，有利于增进和睦、促进和谐、尊敬老人、增加爱心，具有强大的凝聚力。

（三）影响力评价

"丰富的山歌曲目""古朴优雅、委婉动听的艺术风格""口耳相传、歌本传记的传承方式"为沙铺山歌的核心基因，对于建设新农村、提高村民素质、弘扬社会新风尚有着积极的促进作用，影响着一代又一代的云和人。

（四）发展力评价

沙铺山歌的"丰富的山歌曲目""古朴优雅、委婉动听的艺术风格""口耳相传、歌本传记的传承方式"的理念具有很强的转化能力，利用沙铺山歌的品牌，建设云和非物质文化产业基地，营造宣传沙铺山歌的特色演出场所，推广沙铺山歌，具备良好的创造性转化、创新性发展前景。

三、核心基因保存

"丰富的山歌曲目""古朴优雅、委婉动听的艺术风格""口耳相传、歌本传记的传承方式"为沙铺山歌的核心基因,《沙铺山歌》《沙铺山歌简介》等文字资料6份保存于云和县文化基因解码调查组资料库。

"浙江文化基因丛书"后记

浙江濒海多山，古为百越之地，地少民贫。先民断发文身，披荆斩棘，筚路蓝缕，艰苦创业，卧薪尝胆，徐图自强，始稍为中原所识。山海情怀，越地长歌，独特的地理人文环境孕育出浙江艰苦奋斗、励精图治、百折不挠、勇攀高峰的地域文化性格和兼容并包、发展创新的人文精神。因以鸟虫篆、《越人歌》为表征的楚越文化交融和徐偃王流亡越地、勾践北上争霸等历史事件的发生，越地逐渐融入中原文明。及至东晋衣冠南渡，中原贤良缙绅避乱会稽，兰亭雅集、永嘉诗会，王谢风流所及，中原文化和越文化相互碰撞融合，这片神奇的土地在吸收大量中原先进文化基础上，生发出更多独具特色、丰富璀璨的文化颗粒，散点分布于浙江的山山水水之间。

隋唐以降，一条大运河通到钱塘，凡所流经之县域，皆成人文渊薮。浙东唐诗之路，如明珠嵌璧；越窑青瓷，千峰翠色风靡长安。浙江依托这条水上"高速公路"迅速崛起，在经济高效快速地融于全国的同时，也向全国展现了别样精彩的浙江文化，对中原产生巨大影响。唐末五代中原战乱之际，吴越国钱王保境安民，举世惶惶而越地独安，浙江又一次成为全国士子避祸传学之地，浙江的原生文化和中原文化水乳交融，极大地提高了浙江的人文学术水平。及至南宋定都临安（今浙江杭州），孔裔迁衢，杭州乃至浙江逐渐成为中华文化传承发展中心、全国的文化学术高地。有元一代，人文日渐凋敝，而浙江独领风骚。湖州赵孟頫成为有元一代赓续中华文脉之砥柱。赫赫有名的"元四家"，黄公望（常熟人，曾隐居富春）、王蒙（湖州人，曾隐居临平）、吴镇（嘉兴人，曾卖卜钱塘）、倪瓒（无锡人，曾浪迹太湖）在学习传承赵孟頫的文化艺术精髓基础上，各显其能，自成面目，为传承发展中华文化艺术作出了卓越贡献。明清以来，浙江士林，更为全国翘楚，文化勃兴，领袖群伦。浙江文脉渊深，有容乃大，继承发展，才俊迭起。事功之学、阳明心学、浙东学派、南戏越剧、《古文观止》、丝瓷茶剑、西泠印社、兰亭雅集等，更是中华文化中耀眼的明珠。浙东音声，渐如潮涌；黄钟大吕，照灼云霞。

晚清时期，中华危亡。辛亥鼎革，浙江文化所孕育的优秀儿女更是为中华千古未有之变局作出了重要贡献，秋瑾、徐锡麟、蔡元培、章太炎、鲁迅等，允文允武，可歌可泣，数不胜数。为全面赶上世界发展，全省各地掀起了重视文教事业、培养人才、发展经济的高潮。各类藏书楼、图书馆、新式院校纷纷创设，浙江人又一次发扬卧薪尝胆、奋力赶超的浙江精神，使浙江成为当时全国省域文化发达、人才众多的省份。

新中国成立后，浙江人励精图治，无论干部还是群众，都本着务实精神，立足现状，踔厉前行。即便在"文革"时期，浙江的经济、文化发展水平都显著好于其他兄弟省市，这和浙江人文内核的务实精神和文化基因的原生动力息息相关。改革开放以来，浙江更是勇做弄潮儿，充分发挥"四千精神"，培养人才，发展经济，以全国陆域较少、自然资源缺乏的省份，一举成为名列前茅的文化大省、经济强省。

历数千年，浙江以落后的山林草野原生文化，不断与吴楚和中原文化交融互鉴，融合创新，发展壮大，绝非历史偶然。浙江以其独特的文化基因和历史面貌正引起国内外专家学者的广泛兴趣，以期通过对浙江文化的研究来更好地理解中华文明，为中华文明的伟大复兴寻径探源，通过解析全省多点、散点分布的各类文化颗粒和文化价值观、文化形态、文化载体，系统研究、条分缕析在地文化基因和独特的文化原动力。构建中国文化基因理念体系，挖掘文化遗产背后蕴含的哲学思想、人文精神、价值观念、道德规范，是一项新课题、新任务。浙江在推动高水平文旅融合、建设共同富裕示范区的进程中，以解码文化基因为切入点，为构建中国文化基因理念体系提供地方经验。

研究浙江文化基因，就是对披着传统文化外衣的各类庸俗低俗的迷信活动加以甄别，科学分析，正本清源。以挖掘、激活浙江的优秀文化基因为抓手，推进文旅深度融合；有机整合乡村文化礼堂、农家书屋、场馆院团、城市书房等城乡文化资源，丰富群众文化活动。拓展新型公共文化空间，持续推动优质文化资源直达基层。为人民群众创造一个良好的文化大环境，强化文化自觉和文化自信；为浙江文化高质量传承发展厘清路径，为新时代浙江发展优秀的社会主义先进文化打好基础。文化兴则国运兴，文化强则民族强。文化基因的研究以及激活应用是浙江建设文化强省的重要切入点，是民智之本、百年大计。

我们要深入学习贯彻党的二十大精神和习近平文化思想，全面挖掘和激活浙江文化基因，推动新时代中国特色社会主义文化建设。以高质量发展为目标、融合发展为重点，紧扣激活优秀文化基因、提供优秀文化产品这个中心，厚植浙江经济社会发展文化软实力。

2024年1月，全省宣传思想文化工作会议提出，要全面贯彻习近平文化思想。浙江作为文化大省，肩负起新时代文化使命，在优秀传统文化的传承发展领域开展了积极的探索。我们要不断学习贯彻习近平总书记关于中华优秀传统文化的重要论述和关于文明交流互鉴的重要论述，让文化基因的研究成果走入校园、走进课堂，成为鲜活的爱国主义教育载体、生动的“课程思政”教育实践、开放的当代青少年国际视野素养培育抓手。将浙江文化基因研究成果制作成微视频“浙江文化基因”课程（双语），通过教育信息技术实现从碎片到整体、从实地到课堂、从单一到系列的 MOOC/SPOC 转换，实现浙江文化基因在青少年群体中的代际传递，助力文化基因融入当代、植根青年，实践出一条富有浙江特色的文化传承发展新路径，为中国“培养社会主义建设者和接班人”这一宏伟目标服务。

若有所成皆非易，凝心聚力要躬行。各地课题组在当地乡土专家和各地高校文史专家的鼎力协助下，进深山到大海，调研足迹遍布海澨山陬。通过田野调查、走访座谈、查阅历史卷宗、参考海量文献，历时五年形成的研究成果，凝聚了全省各地众多专家学者和乡土文化耆老的心血，他们为浙江的文化事业作出了很大贡献。致敬他们文化溯源的热忱，学习他们极深研几的精神，真诚感谢他们无私奉献的情怀。由于篇幅有限，涉及面广，无法一一详列参与者，在此一并致谢！

吴　越

甲辰年秋于杭州